Vem vill du vara
när nästa kris kommer?

Ditt val idag avgör din trygghet i morgon

Varför jag skrev denna bok

Jag heter Johan Falk, och jag har skrivit denna bok av en enkel anledning: beredskap handlar om så mycket mer än att bara köpa saker.

Gång på gång ser jag samma sak i myndigheternas informationsmaterial och i mediernas rapportering om hemberedskap. Det pratas om att skaffa en vevradio, att ha en liten vattendunk och kanske några konserver hemma.

Men vad händer efter tre dagar, en vecka eller en månad?

Hur klarar du dig när resurserna tar slut och du behöver förnya det du har?

Vad gör du när du måste fatta svåra beslut, samarbeta med andra eller hantera en längre kris?

Beredskap är inte en inköpslista
Det är en process

Det är en resa genom olika krisnivåer av förståelse, insikt och praktisk förmåga.

Vad myndigheterna missar

Idag får vi mycket lite vägledning i hur vi faktiskt tar oss igenom en krissituation.

Vi får veta att vi ska ha mat och vatten för en viss tid, men inte hur vi förlänger våra resurser eller hanterar bristsituationer. Vi får höra att vi bör ha alternativa ljuskällor och kommunikationsmedel, men inte hur vi bygger en långsiktig strategi för att hålla oss informerade och i kontakt med andra. Vi får rådet att vara förberedda, men ingen talar om vad det egentligen innebär att vara förberedd på riktigt. Vi saknar en tydlig vägledning för hur vi utvecklar vår beredskap – steg för steg.

Den här boken ger nya svar och lösningar

Den här boken handlar inte om att bara skaffa en nödlåda – den handlar om att bygga en hållbar hemberedskap. Den handlar om att förstå vilken krisnivå du befinner dig på idag – och hur du tar dig vidare. Den hjälper dig att identifiera dig själv genom olika personas – vilka egenskaper, beteenden och insikter har människor på olika krisnivåer av beredskap? Den ger dig kunskap, verktyg och konkreta checklistor för att stärka din beredskap på riktigt.

Målet är enkelt: Att du efter att ha läst denna bok ska veta exakt hur du tar dig från att vara oförberedd till att bli en trygg, självständig och handlingskraftig individ i en kris.

Vilken nivå befinner du dig på idag?

Vi går igenom sex olika krisnivåer av hemberedskap, där du kommer att kunna placera dig själv – och förstå vad du behöver förändra för att ta nästa steg.

Genom att förstå dessa krisnivåer kan du tydligt se var du befinner dig – och hur du utvecklar din beredskap på ett strukturerat sätt.

Vi behöver mer än saker – vi behöver insikter och strategier. Denna bok ger dig mer än bara en lista på prylar att köpa.

Här får du

En djupare förståelse för vad beredskap egentligen innebär.

En insikt i hur människor på olika krisnivåer av beredskap tänker, agerar och förbereder sig.

En plan för hur du inte bara skyddar dig själv, utan också samarbetar med din bostadsrättsförening, grannar och lokalsamhälle för en tryggare framtid.

Beredskap är mer än en individuell fråga – den är en samhällsfråga.

Den som har en plan, kunskap och ett nätverk klarar sig alltid bättre än den som bara har ett lager konserver och en dunk vatten.

Ditt nästa steg
ta kontroll över din framtid

Den här boken ger dig en karta över hemberedskapens olika krisnivåer – och hjälper dig att ta dig från insikt till handling.

Målet är att du efter att ha läst den här boken ska kunna säga:

Jag vet exakt vilken krisnivå jag befinner mig på.

Jag har en tydlig plan för hur jag förbättrar min beredskap.

Den här boken hjälper dig att gå från passiv till aktiv, från osäker till trygg – och från oförberedd till redo.

Så frågan är enkel

Vilken hemberedskapsnivå befinner du dig på idag? Och hur långt är du villig att gå för att skapa trygghet för dig och din familj? Ditt första steg börjar med denna boks insikter.

Johan Falk

HemmaBeredskapscoach

Vem vill du vara
när nästa kris kommer?

Ditt val idag avgör din trygghet i morgon

Johan Falk

Förlag: BoD · Books on Demand, Östermalmstorg 1, 114 42 Stockholm, Sverige, bod@bod.se
Tryck: Libri Plureos GmbH, Friedensallee 273, 22763 Hamburg, Tyskland

ISBN: **978-91-8080-179-9**

Din resa börjar här

Föreställ dig en kväll hemma. Du har tänt några ljus, kanske en kopp te i handen. Utanför fönstret är det mörkt, lugnt. Men någonstans i bakhuvudet finns en tanke du burit på länge. "Är vi verkligen redo om något skulle hända?"

Det är en fråga som många av oss ställt oss någon gång, men kanske lika snabbt avfärdat. För vad innebär det egentligen att vara "redo"? Är det att ha ett fullt skafferi? Att ha en nödradio? Att kunna tända en brasa om strömmen går?

Den här boken handlar om att förstå var du befinner dig idag och att ge dig inspiration att ta nästa steg.

Hemberedskap
en resa, inte en destination

Många tror att hemberedskap handlar om att bunkra upp med konserver och vatten dunkar, att gömma sig för världen eller att leva som en eremit. Men det är inte sant. Hemberedskap är en resa, en process där du lär dig att förstå din och din familjs behov, din omgivning och de resurser du har att tillgå.

Det finns inget rätt eller fel, ingen exakt mängd vatten eller mat du "måste" ha. Ingen kan säga att du har "för mycket" eller "för lite". Det enda som betyder något är din medvetenhet – att du vet vilken krisnivå du befinner dig på och vad det innebär.

Denna bok kommer hjälpa dig att se hemberedskap på ett nytt sätt. I stället för att känna att det är en börda, att det är något "du borde göra", vill vi att du ser det som en naturlig del av livet – en process där varje steg du tar gör dig lite tryggare, lite mer förberedd och, framför allt, lite mer lugn.

Vilken krisnivå befinner du dig på?

Vi är alla olika. Vissa har aldrig reflekterat över hemberedskap tidigare. Andra har en krislåda i garderoben men har aldrig använt den. Och så finns de som har ett genomtänkt system, som kan hantera dagar, kanske veckor, utan externa resurser.

I denna bok kommer du att få möta olika personer som befinner sig på olika krisnivåer av hemberedskap.

• Vem är de?

• Hur tänker de?

• Vad driver dem?

• Vilka erfarenheter har format deras syn på beredskap?

Genom att läsa om deras resor kommer du att känna igen dig själv och samtidigt få nya perspektiv. Kanske upptäcker du att du är längre kommen än du trodde. Eller så inser du att det finns enkla, konkreta saker du kan göra redan idag för att stärka din och din familjs trygghet.

Mer än bara en guide – en inspirationskälla

Den här boken är inte bara en praktisk guide. Den är tänkt att inspirera dig. Du kommer att få insikter, aha-upplevelser och nya sätt att tänka. Du kommer att få med dig konkreta tips och checklistor, men också en djupare förståelse för varför hemberedskap är så viktigt.

Det handlar inte om skrämselpropaganda. Det handlar om frihet. Friheten att veta att du klarar dig om något händer. Friheten att inte behöva förlita dig på att någon annan löser problemen åt dig. Friheten att slippa känna oro, eftersom du vet att du har en plan. Och framför allt: Det handlar om din trygghet och din familjs trygghet.

Ta dig tiden att läsa
Det är du värd

Jag vill att du ska se den här boken som en stund för dig själv. Slå av mobilen. Låt tv:n vara tyst en stund. Kryp upp i soffan, ta en filt om du vill. Ge dig själv tiden att läsa, reflektera och känna efter.

Var är du idag? Vad betyder trygghet för dig? Vad vill du ta med dig från den här boken?

Min förhoppning är att du, när du slår ihop boken efter sista sidan, inte bara har fått mer kunskap – utan också en ny inställning. Att du ser hemberedskap som något positivt, något som ger dig trygghet och frihet, inte som en tung börda.

Oavsett var du befinner dig idag så är det här början på din resa. Och det bästa är att du får bestämma hur långt du vill gå.

Nu kör vi!

Prolog
Hemberedskap är mer än prylar

När vi pratar om hemberedskap är det lätt att fastna i listor över saker vi borde ha hemma – vattendunkar, stormkök, vevradio och konserver. Men den här boken handlar inte om att bara köpa sig trygghet. Den handlar om något mycket större – insikter som kan förändra ditt sätt att tänka kring kriser och din egen roll i en utsatt situation.

Den handlar om vilken krisnivå av beredskap du befinner dig på idag – och hur du tar dig vidare.

Beredskap är en resa genom krisnivåer

Hemberedskap är inte en fråga om att alla måste ha ett års matlager eller leva helt självförsörjande. Det finns flera krisnivåer av beredskap, och alla har sin plats och sitt syfte. Den viktigaste lärdomen du kan ta med dig från den här boken är att inte stanna på krisnivå 0.

Att vara oförberedd är ett otroligt farligt vägval.

Våra myndigheter säger att vi ska klara oss själva i minst sju dagar. Det är inte en rekommendation – det är en förväntan. Och enligt den här bokens definition innebär det att du behöver ta dig till krisnivå 2 för att ens nå den lägsta acceptabla tryggheten i en krissituation. Men hur svårt eller lätt är den resan? Vad innebär det för dig och din familj?

Personas
Hjälp att förstå din egen krisnivå

För att göra det enklare att förstå vad de olika krisnivåerna innebär i praktiken, har vi skapat personas – verklighetsnära personer som befinner sig på olika krisnivåer i sin hemberedskap. Genom att följa deras berättelser kommer du att kunna identifiera dig med någon av dem och se var du står idag och vilka steg du kan ta vidare. Boken ger dig en tydlig väg – men det är du som måste välja hur långt du vill gå.

Den viktigaste insikten – ensam är svag

Vi har en tendens att tänka att beredskap handlar om att klara sig själv. Men den verkliga styrkan ligger i att klara sig tillsammans. Beredskap handlar lika mycket om gemenskap som om individuella lösningar. När vi samarbetar genom grannsamverkan och bostadsrättsföreningar skapar vi en krisberedskap som är starkare än vad någon av oss kan bygga på egen hand. Vi delar resurser, vi stöttar varandra, vi skapar trygghet. Hemberedskap handlar inte bara om att överleva – det handlar om att leva så normalt som möjligt även när krisen kommer.

Boken som ett avstamp till din beredskap

Den är till för att hjälpa dig att förstå var du står idag, vad du behöver göra och hur du kan börja samarbeta med andra för att bygga en gemensam trygghet.

Kapitel 1

När Samhället stannar
Ett tankeväckande scenario

En morgon du aldrig kommer att glömma

Du vaknar som vilken annan dag som helst. Klockan på nattduksbordet visar 07:13. Du sträcker dig efter mobilen för att kolla om du har fått några meddelanden under natten, men skärmen är svart. Batteriet måste ha tagit slut. Märkligt, du brukar alltid ha den på laddning. Du vrider dig ur sängen, sätter fötterna på det svala golvet och trycker på lampknappen. Ingenting händer.

Strömmen måste ha gått

Du går ut i köket och vrider på vattenkranen. Ingenting händer. Inte ens ett droppande. Känslan i magen förändras. Du öppnar kylskåpet, men det är redan märkbart varmare där inne än det borde vara. Utan el fungerar inte kylan. Du försöker slå på radion, men inget ljud kommer ut. Internet är nere, och det finns ingen signal på telefonen.

Något är fel

Du går ut på balkongen och ser att grannarna har börjat samlas på innergården. Någon ropar: Är det någon som vet vad som händer?" Men ingen har några svar. Tänk dig att detta händer imorgon. Vad gör du? Hur länge klarar du dig?

Krisen är redan här
du bara vet inte om det än

I en modern värld där vi har allt vi behöver inom räckhåll, tar vi det för givet att samhället alltid kommer att fungera. Vatten rinner ur kranen. Mat finns i butiken. Elen lyser i våra hem. Men tänk om allt det vi kallar "vardag" bara var en illusion av trygghet?

Samhället är som ett väloljat maskineri – tills en kugge slutar snurra. Då faller resten av systemet snabbt.

En liten störning i elförsörjningen, en förorenad vattenreservoar, ett transportstopp i livsmedelskedjan – och plötsligt är vi bara timmar från kaos.

Det är ingen dystopisk skräckfilm. Det är den verklighet vi lever i. Och den kan förändras när som helst. Vad händer när du blir av med det du tar för givet? Låt oss bryta ner situationen i sex kritiska områden – de som kommer att påverka dig först vid en samhällsstörning.

Vattenförsörjning i kris – Vad händer när du inte längre har rinnande vatten?

Toalett och sanitet – Hur hanterar du hygien och avfall när det inte går att spola?

Matlagning utan el – Vad äter du när du inte kan använda spis, mikro eller kylskåp?

Värme och skydd – Hur håller du dig varm under en längre kris?

Kommunikation i kris – Vad gör du när mobilen är död och nätet är nere?

Sjukvård och trygghet – Vad gör du när sjukvården inte kan hjälpa dig?

Låt oss ta en närmare titt på varje område och förstå vad som händer när du förlorar det.

Vattenförsörjning i kris – När kranen tystnar

Tänk dig att du vaknar upp och vattenförsörjningen är utslagen. Inget vatten i kranen. Toaletten går inte att spola. Ingen dusch, ingen disk, ingen matlagning.

Hur länge klarar du dig?

En människa behöver minst 2–3 liter vatten per dag för att överleva. För att kunna dricka, laga mat och sköta basal hygien krävs minst 10 liter per dag och person.

Men hur många har ens en extra dunk vatten hemma?

Få inser hur snabbt det blir kritiskt. Inom ett dygn utan vatten börjar du känna av uttorkning. Efter tre dagar är det livshotande.

Och om alla plötsligt börjar leta vatten samtidigt? Då blir situationen desperat.

Fråga dig själv

Hur mycket vatten har jag hemma just nu? Vet jag var jag kan få tag på rent vatten om kranen slutar fungera? Har jag någon lösning för att rena vatten om det blir otjänligt?

Toalett och sanitet
När du inte längre kan spola

Ingen pratar om det, men det är ett av de första problemen du kommer att ställas inför. Vad gör du när toaletten inte längre fungerar? Om du bor i lägenhet utan fungerande avlopp kommer du inom kort att få ett sanitärt kaos. Lukten, bakterierna och sjukdomarna som följer kan bli ett större hot än själva vattenbristen. I en längre kris där avloppssystemet är utslaget kan diarré, infektioner och bakterier spridas snabbt.

Fråga dig själv

Har jag en nödlösning för toalettbestyr om spolningen slutar fungera? Hur länge kan jag hålla god hygien utan rinnande vatten? Har jag våtservetter, handsprit och tillräckligt med toalettpapper?

Matlagning utan el
När butiken är tom och kylskåpet är värdelöst

Hur lång tid tar det innan matbutiken töms?

Vid stormen Gudrun 2005 tömde människor matbutiker på bara några timmar. Vid pandemins början 2020 såg vi tomma hyllor inom ett dygn. Matförsörjningen är beroende av transporter, el och fungerande betalningssystem. Utan dessa bryter den ihop direkt. Om du vaknade upp i en kris imorgon

– vad skulle du äta? Kylskåpet håller maten kall i max 12–24 timmar utan el. Frysen håller något längre – men sedan börjar allt ruttna.

Fråga dig själv

Har jag mat hemma som inte behöver kyl eller frys?

Kan jag laga mat utan el?

Hur länge kan jag äta utan att behöva handla?

Värme och skydd
När kylan blir ditt största hot

Tänk dig en mörk kväll i januari. Strömmen har varit borta i två dygn. Temperaturen inomhus har sjunkit till +5 grader och fortsätter falla. Hur länge klarar du dig? Många tror att brist på mat är det största problemet i en längre kris, men sanningen är att kyla dödar snabbare än hunger.

Vid +10°C inomhus börjar du känna dig obehagligt kall.

Vid +5°C blir händerna stela, och finmotoriken försämras.

Vid 0°C riskerar du hypotermi, även inomhus.

De flesta hushåll i Sverige är beroende av el för uppvärmning. Utan den blir din bostad en iscell på bara några dagar.

Fråga dig själv

Vad är din plan om inomhustemperaturen sjunker under +10°C? Har du alternativa sätt att värma ditt hem? Hur kan du isolera och behålla värmen utan el?

Så förändras ditt beteende när du fryser

När kroppen utsätts för kyla börjar den dra in blodet till de vitala organen. Händer och fötter blir iskalla. Det blir svårt att fokusera, du blir trött och kan till slut inte ens tänka klart. Kyla gör dig irrationell, långsam och i värsta fall apatisk. I en längre kris innebär det livsfara.

Så skyddar du dig mot kyla i en kris

Samla alla i ett rum och stäng av resten av bostaden. Håll kroppsvärmen genom att använda lager-på-lager-klädsel. Bygg ett tält av filtar inomhus för att skapa en varm bubbla. Använd värmeljus och gasolvärmare (men ventilera om du använder gas!). Om möjligt, ha en alternativ värmekälla som vedspis eller fotogenvärmare.

Värme är livsviktigt. Ignorera det inte

Kommunikation i kris
När du är ensam i mörkret

Vi är vana vid att all information finns i fickan. Men vad händer när mobilnätet försvinner? Det första du förlorar i en kris är kontakten med omvärlden. Ingen internetuppkoppling, ingen radio, ingen mobil. Plötsligt är du blind och döv för vad som händer utanför ditt hem.

Och här uppstår paniken.

Informationskaos – Det farligaste du kan möta. I en kris sprids rykten snabbare än virus. Sociala medier exploderar av spekulationer.

"Regeringen har tappat kontrollen!"

"All el kommer vara borta i månader!"

"Butikerna plundras – beväpna er!"

Du vet inte vad som är sant, och rädsla driver dåliga beslut.

Fråga dig själv

Hur får du tillförlitlig information om vad som händer?

Hur kontaktar du din familj om mobilnätet är nere?

Vet du vilka kanaler som fungerar utan internet?

Skaffa en batteridriven eller solcellsdriven radio. Lär dig vilka frekvenser myndigheter sänder på vid kris. Ha en kommunikationsplan med familj och vänner. Bestäm en mötesplats i förväg. Skaffa en walkie-talkie eller komradio för kontakt inom närmiljön. Information kan avgöra liv och död, se till att du har en plan.

Sjukvård och trygghet – När hjälpen inte kommer

I Sverige tar vi sjukvård för givet. Vi ringer 112, och ambulansen kommer. Men vad händer när ingen svarar? I en större kris kommer sjukvården att vara överbelastad. Du är på egen hand.

Fråga dig själv

Har du första hjälpen-utrustning?

Vet du hur du stoppar en blödning eller behandlar en infektion?

Har du nödvändiga mediciner om apoteken är stängda?

Trygghet och säkerhet i en längre kris

När krisen blir långvarig förändras människor. Först hjälps vi åt, men när resurserna tryter blir det något annat.

Vi har sett det förr:

Vid stormen Gudrun fanns rapporter om inbrott i hus utan el. Under pandemin tömdes butiker på medicin och hygienartiklar. I längre samhällsstörningar börjar folk bryta mot lagen för att överleva.

Fråga dig själv

Hur skyddar du din familj om det blir oroligt?

Har du resurser för att hantera en längre kris?

Vet du hur du kan samarbeta med grannar för ökad säkerhet?

Grundläggande trygghet i en kris

Ha en låst och säker bostad med alternativa utgångar.

Lär känna grannarna och bygg en gemensam plan.

Ha en självförsvarslösning – även om det bara handlar om att ha en plan.

Se till att du har mediciner och första hjälpen-kit hemma.

Att vara trygg handlar inte bara om att skydda sig själv – utan också om att skapa en stabil omgivning.

Vad gör du NU?

Kapitel 2

Hemberedskapsnivåer
var befinner du dig?

I den första delen av boken har du fått en brutal insikt i hur snabbt en kris kan slå till och vilka sex grundpelare som avgör om du klarar dig eller inte.

Men nu kommer den viktigaste frågan:

Var står du idag?

Är du redo för en större kris – eller förväntar du dig att någon annan ska lösa situationen åt dig?

För att göra hemberedskap konkret och greppbar ska vi nu titta på de olika krisnivåerna av beredskap. Vi börjar med att förstå vad de olika krisnivåerna innebär, hur personen i varje krisnivå ser ut, och vad du behöver göra för att ta dig vidare. Målet är att du ska kunna identifiera din egen krisnivå och förstå exakt vad du behöver göra för att nå en högre beredskapsnivå.

Detta handlar inte om att bli en extremprepper – det handlar om att ha en realistisk plan och kunna hantera en kris utan panik.

Det finns sex krisnivåer av hemberedskap

Krisnivå 0 – Den oförberedda (Ingen plan, ingen beredskap)

Krisnivå 1 – Nybörjaren (Grundläggande insikt, kortsiktig lösning)

Krisnivå 2 – Den förberedda realisten (Klarar en vecka men saknar långsiktig plan)

Krisnivå 3 – Den självständiga strategen (Kan klara längre kriser, men är inte självförsörjande)

Krisnivå 4 & 5 – Den hållbara överlevaren (Självförsörjande och en resurs för andra)

Vad är hemberedskap?
Ditt ansvar, inte någon annans

"Jag trodde alltid att någon annan skulle lösa det". Det är en vanlig tanke. Vi är vana vid att samhället alltid fungerar. Vi litar på att staten, kommunen, räddningstjänsten och sjukvården kommer när vi behöver dem.

Men vad händer när de också drabbas?

Myndigheterna har ingen plan för att rädda dig personligen De kan inte garantera att du får vatten. De kan inte garantera att du får mat. De kan inte ens garantera att du får sjukvård när du behöver det. Hemberedskap handlar inte om paranoia – det handlar om att vara realistisk.

Statens roll vs. Ditt ansvar

Vad säger myndigheterna? Sveriges beredskapsmyndigheter, inklusive MSB, har tydligt sagt: "Alla hushåll bör ha en egen hemberedskap för minst 7 dagar."

Men vad innebär det i praktiken?

Vatten – Du behöver 70 liter per person. Har du det?

Mat – Har du en veckas mat som inte kräver el?

Sanitet – Vad gör du om toaletten inte fungerar?

Värme – Hur hanterar du ett strömavbrott på vintern?

 Vad betyder det här?

Det betyder att staten inte kommer rädda dig om du inte är redo. Det betyder att du har ett eget ansvar att vara förberedd. Hemberedskap är ditt ansvar, inte någon annans.

Vad innebär de olika krisnivåerna av hemberedskap? Många tror att hemberedskap är svart eller vitt – antingen är du en extremprepper som bor i en bunker eller så gör du ingenting alls.

Sanningen är att beredskap sker i olika krisnivåer.

Att förstå din krisnivå är avgörande, eftersom du då ser exakt vad du behöver göra för att ta dig vidare. Reflektion – Vilken krisnivå befinner du dig på?

Innan vi går vidare: Tänk efter

Om du vaknade upp i en kris imorgon, vad har du redo? Har du en plan? Har du resurser som täcker alla sex grundpelarna? Vet du hur du tar hand om din familj i en längre kris? Eller är du en av de som hoppas att samhället löser det åt dig?

I nästa kapitel går vi in på krisnivå 0 – den som har gjort absolut ingenting. Om du känner igen dig i beskrivningen – då vet du vad du behöver göra. Nu har vi lagt grunden för att förstå hemberedskap som en process.

Kapitel 3

De sex krisnivåerna av hemberedskap
Vilken krisnivå är du på?

I en krissituation klarar vissa sig själva, medan andra hamnar i panik. Men vad avgör vem som hanterar en kris lugnt och metodiskt – och vem som står handfallen?

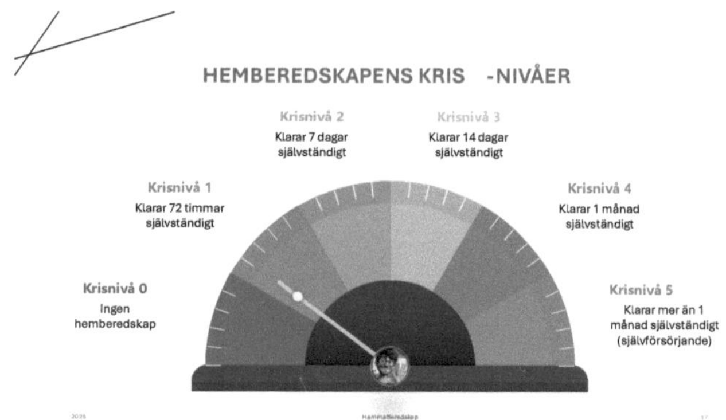

Svaret är enkelt: Förberedelse

Hemberedskap är inte en binär sak där man antingen är 100 % redo eller helt hjälplös. I själva verket finns sex tydliga krisnivåer, där varje steg innebär ökad insikt, bättre resurser och en starkare förmåga att klara sig själv.

Krisnivå 0 – Den oförberedda (”Jag har aldrig tänkt på det här.”)

Krisnivå 1 – Nybörjaren (”Jag vet att jag borde ha en plan, men den är inte klar.”)

Krisnivå 2 – Den förberedda realisten (”Jag klarar en vecka men är inte självförsörjande.”)

Krisnivå 3 – Den självständiga strategen (”Jag har en långsiktig plan men är inte helt oberoende.”)

Krisnivå 4 & 5 – Den hållbara överlevaren (”Jag klarar mig själv i månader eller år.”)

Varje nivå representerar ett sätt att tänka, agera och förbereda sig på. Ju högre krisnivå, desto mindre stress, osäkerhet och beroende av samhället. Låt oss gå igenom varje krisnivå och förstå vem som befinner sig där – och vad som krävs för att gå vidare.

Krisnivå 0
Den oförberedda

Ingen plan, ingen beredskap, ingen insikt

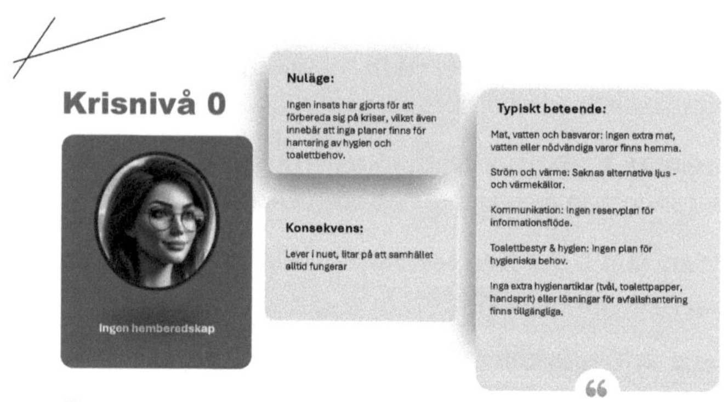

"Jag trodde aldrig det skulle hända mig"

"Jag har aldrig tänkt på det här. Vattnet rinner ur kranen, elen fungerar alltid, och om något händer kan jag väl bara gå till affären?" "Om det blir en kris kommer myndigheterna att hjälpa oss." "Det känns så extremt att tänka på hemberedskap. Jag har ju klarat mig hittills!" Om någon av dessa tankar känns bekanta är chansen stor att du befinner dig på krisnivå 0 – den oförberedda.

Det betyder att du saknar en konkret plan, inte har lagrade resurser och helt enkelt inte har reflekterat över vad en kris innebär.

Vem är den oförberedda personen?

Låt oss möta Lisa, 34 år, som är ett exempel på en person i krisnivå 0.

Yrke: Projektledare på en reklambyrå

Bor: Lägenhet i en större stad

Vardagsrutin: Beställer ofta hem mat, handlar dagligen

Förväntning: Tror att myndigheter och butiker alltid finns där

Lisas syn på krisberedskap innan hon fick insikt: "Jag har aldrig tänkt på att jag skulle behöva klara mig själv i en kris." "Om något händer löser jag det då – det är ju ingen idé att oroa sig." "Jag har en vattenflaska i kylen, det räcker väl?"

Lisa har en modern livsstil där allt är tillgängligt när hon behöver det. Hon har aldrig varit utan el, vatten eller mat längre än några timmar. Men vad händer om en kris slår till?

Vad saknar en person på krisnivå 0?

En person på krisnivå 0 har INGET av det som krävs för att klara sig ens 24 timmar vid en kris.

Vattenförsörjning – När kranen slutar fungera

Har ingen lagrad vattenreserv. Tror att vattnet alltid kommer att fungera. Har ingen plan för hur man renar vatten eller samlar in nytt.

Scenario: Lisa vaknar upp till ett vattenbortfall. Hon testar att vrida på kranen – men inget händer. Hon har inget vatten hemma. Vad gör hon?

"Jag springer ner till affären och köper vatten!" Men affären är redan tömd på vatten – alla andra tänkte samma sak. Panik.

Toalett och sanitet – När spolningen inte fungerar

Har ingen nödtoalettlösning. Har inte tänkt på hygien vid kris. Saknar extra tvål, handsprit och hygienartiklar.

Scenario: Efter ett par timmar börjar toaletten lukta, eftersom hon fortfarande använder den utan att den kan spolas. Nu börjar det bli riktigt ohygieniskt.

"Jag har inte ens tänkt på hur man löser det här!"

Matförsörjning – När butikerna är stängda

Har inget matförråd utöver det som finns i kyl och frys. Är van vid att handla dagligen eller beställa hem mat. Har ingen plan för hur man lagar mat utan el.

Scenario: Lisa öppnar kylskåpet. Allt där inne kräver tillagning. Frysen börjar bli varm. Hon inser att hon inte har någon mat som går att äta direkt. "Jag går och handlar!" Men butiken är redan plundrad. Det finns ingen mat kvar. Nu är paniken på riktigt.

Värme och skydd – När temperaturen faller

Har ingen alternativ värmekälla. Äger inte ens en ficklampa. Har ingen förståelse för hur snabbt det blir kallt i en lägenhet utan el.

Scenario: Temperaturen sjunker under natten. Lisa fryser, men hon har inget sätt att värma sig. "Jag går och hämtar ett extra täcke..." Men kylan fortsätter att sprida sig. Utan en lösning kommer hon inte att kunna sova ordentligt, och i värsta fall kan kylan bli livshotande.

Kommunikation – När mobilen är död

Har ingen powerbank. Har ingen radio för att få information. Vet inte vad hon ska göra om hon inte kan få kontakt med omvärlden.

Scenario: Mobilbatteriet tar slut. Lisa försöker slå på den – inget händer. "Jag är helt avskuren. Jag vet inte ens vad som händer utanför mitt fönster." Utan information vet hon inte om krisen blir värre eller om hjälp är på väg.

Sjukvård och trygghet
När hjälpen inte kommer

Har inget första hjälpen-kit. Har inga mediciner hemma. Litar på att vården alltid finns tillgänglig.

Scenario: Lisa råkar skära sig i handen när hon försöker laga mat. Hon har inga plåster, ingen sårtvätt. Blodet fortsätter rinna. "Jag får gå till vårdcentralen!" Men vårdcentralen är redan överbelastad. Hon måste klara sig själv.

En person på krisnivå 0 har inget skyddsnät. De tror att samhället alltid kommer att fungera, och när en kris inträffar hamnar de i panik. Utan förberedelser klarar de sig sällan mer än 24 timmar. Om du känner igen dig i detta – du måste agera NU.

Hur tar du dig från krisnivå 0 till krisnivå 1?

Ditt första steg är att sluta vara naiv och börja bygga upp en grundläggande beredskap. Skaffa vatten – Börja med minst 20 liter per person. Bygg ett litet matförråd – Konserver, pasta, ris, energibars. Se över hygien och toalett – Ha våtservetter, handsprit och en enkel nödlösning för toalettbestyr. Skaffa en ljuskälla – En pannlampa och batterier är en bra start. Börja tänka i beredskap – Om något händer, vad är din plan? Det krävs inte mycket för att ta sig ur krisnivå 0 – men du måste ta det första steget.

Kapitel 4

Från krisnivå 0 till krisnivå 1
Ditt första steg mot trygghet

Från ovetande till medveten – Det första avgörande steget. Om du befinner dig på krisnivå 0, betyder det att du är helt oförberedd. Du har ingen plan, inga resurser och ingen insikt i vad en kris kan innebära.

Men nu har du förstått att det kan hända dig. Det är här den verkliga förändringen börjar. Att gå från krisnivå 0 till krisnivå 1 handlar inte om att bli självförsörjande eller köpa en massa utrustning direkt. Det handlar om insikt, beteendeförändringar och att skapa en grundläggande beredskap som ger dig trygghet i en kortare kris.

I det här kapitlet ska vi gå igenom exakt vad du behöver göra för att ta ditt första steg – och varför det är så viktigt.

Insikter

Det du måste förstå först

Samhället är skört – du är mer beroende än du tror.

Du kanske tror att samhället alltid kommer att fungera. Men faktum är att vårt moderna samhälle är extremt sårbart. Vad händer när transporterna slutar gå? Butikshyllorna töms på mindre än 24 timmar. Vad händer när elen försvinner? Inga betalterminaler fungerar. Bankomater är värdelösa. Vad händer om vattensystemet kollapsar? Efter tre dagar börjar sjukdomar spridas. Sverige har INGEN beredskap för att hjälpa alla i en längre kris. Du måste vara redo att ta hand om dig själv – för ingen annan kommer att göra det åt dig.

En kort kris kan bli längre än du tror. De flesta klarar ett kort elavbrott eller en mindre störning. Men vad händer om situationen drar ut på tiden?

Dag 1: "Oj, elen gick. Hoppas det löser sig snart!"

Dag 3: "Nu börjar det bli obehagligt. Maten är slut, vattnet är slut, telefonen fungerar inte längre."

Dag 7: "Jag är desperat. Vad gör jag nu?"

En kort störning kan snabbt bli en längre kris. Därför måste du ha en grundläggande plan som klarar minst 72 timmar – helst en vecka.

Trygghet är att ha en PLAN – inte att ha tur Många säger: "Det löser sig." Men vad betyder det egentligen?

Har du?

En plan för hur du ska få rent vatten om kranen slutar fungera?
En strategi för hur du hanterar en kall bostad mitt i vintern?
Ett sätt att få mat om du inte kan handla på en vecka? Det är
inte tur som avgör vem som klarar en kris – det är
förberedelse.

Från insikt till handling
ditt första steg

Nu när du förstår varför du behöver en grundberedskap, är det
dags att börja agera. Att ta sig från krisnivå 0 till krisnivå 1
handlar om tre saker: Att skapa en grundläggande reserv för
vatten, mat, hygien, toalettbestyr och värme. Att börja tänka
annorlunda – från beroende till självförsörjande. Att ha en
enkel plan som gör att du inte hamnar i panik. Låt oss gå
igenom exakt vad du behöver göra.

Beteendeförändring
Sluta leva "dag för dag"

Många på krisnivå 0 lever i ett "just in time"-system. Man
handlar mat varje dag, litar på att affären alltid är öppen och
räknar med att allt alltid fungerar. För att nå krisnivå 1 måste
du börja tänka "vad händer om…" **Små förändringar gör
stor skillnad.**

Börja handla mat för en vecka åt gången. Tänk på backup-
lösningar – vad händer om elen går? Lagra alltid lite extra
vatten – för säkerhets skull.

Beteendeförändring
Sluta anta att hjälp alltid finns

Myndigheter och hjälporganisationer kommer att prioritera de mest utsatta först. Om du är en frisk vuxen med jobb kommer du inte att vara högsta prioritet. De resurser som finns kommer att gå till äldre, sjuka och barnfamiljer först. Det innebär att du måste vara självständig – för du kommer att få vänta länge på hjälp.

Ta ansvar för din egen säkerhet. Planera för att klara dig utan stöd i minst en vecka.

Beteendeförändring
Börja tänka på risker och lösningar

Att vara beredd betyder att tänka i scenarier. Vad gör du om vattenförsörjningen försvinner? Hur lagar du mat utan el? Vad gör du om det blir kallt i din bostad? Ju fler frågor du ställer, desto bättre blir du på att hitta lösningar.

Avslutning
Nu är du på väg!

Genom att göra dessa enkla saker har du gått från krisnivå 0 till krisnivå 1. Du har slutat vara helt beroende – och börjat tänka själv. Nu kan du hantera en kortare kris utan panik.

Kapitel 5

Från krisnivå 1 till krisnivå 2
Från grundberedskap till trygghet

Hur du går från att överleva några dagar till att ha en plan för en hel vecka – och längre. Från kortsiktig lösning till långsiktig trygghet. Nu har du lämnat krisnivå 1 bakom dig och tagit dina första steg mot hemberedskap.

Du har börjat tänka annorlunda, du har skaffat en grundläggande vatten- och matreserv och du känner dig lugnare om något oväntat skulle hända.

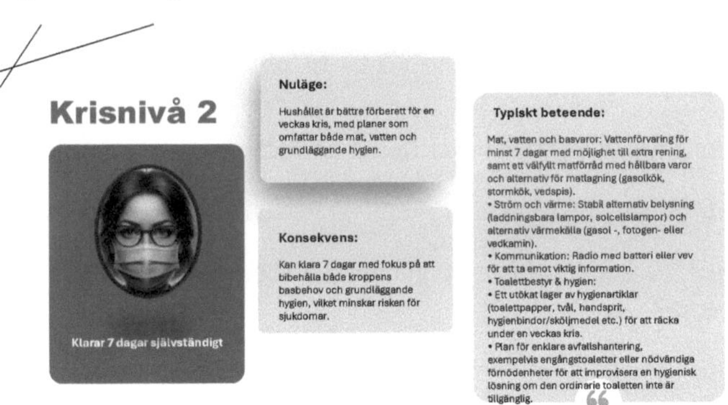

Men att vara på Nivå 1 betyder fortfarande att du är sårbar. Du klarar en kort kris – men inte en längre kris. Du har en grundberedskap – men saknar en djupare plan. Du kan hantera en tillfällig störning – men om den blir långvarig, då börjar problemen.

Nu är det dags att ta nästa steg: Att bli en realistisk och trygg hemberedskapare som klarar en vecka eller mer. Att ta sig från krisnivå 1 till krisnivå 2 handlar om tre viktiga insikter:

En vecka utan samhällets stöd är längre än du tror.

Grundberedskap räcker inte – du behöver en strategi.

Vardagens system kan försvinna – och du måste klara dig ändå.

Låt oss titta på vad dessa betyder i praktiken. En vecka utan samhället är längre än du tror "Jag klarar mig en vecka utan problem." De flesta tror att en vecka går fort.

Men tänk efter:

Hur mycket vatten dricker du på en vecka?

Hur många måltider äter du på en vecka?

Hur känns det att inte kunna duscha eller tvätta kläder på en vecka?

Hur känns det att behöva kissa och bajsa i en plastpåse?

Hur påverkas din mentala hälsa av en veckas osäkerhet? En vecka utan butik, el och rinnande vatten är längre än du tror. Den som går från krisnivå 1 till krisnivå 2 inser att en vecka kräver PLANERING – inte bara att ha saker hemma. Grundberedskap räcker inte – du behöver en strategi. "Jag har konserver och vatten – jag är redo!" Nej, du är fortfarande sårbar om du inte har en tydlig plan.

Hur ska du ransonera dina resurser?

Hur förlänger du dina tillgångar om krisen drar ut på tiden? Vad gör du om du skadar dig eller blir sjuk? Att ha resurser är en sak – att veta hur du använder dem på bästa sätt är något helt annat. Vardagssystemet kan försvinna – du måste klara dig ändå. "Jag betalar bara med kort – jag har knappt kontanter." "Jag förlitar mig på min mobil för all information." "Jag har aldrig testat att laga mat utan el." Om du fortfarande förlitar dig på att samhället ska fungera som vanligt – då är du sårbar.

Att gå till krisnivå 2 handlar om att inse att:

Ditt kort kanske inte fungerar – du behöver kontanter.

Ditt internet kanske är nere – du behöver en nödradio.

Din spis kanske inte fungerar – du behöver ett alternativ.

Från insikt till handling
Ditt nästa steg

För att gå från krisnivå 1 till krisnivå 2 behöver du bygga en veckas hemberedskap med struktur och strategi. Det innebär att du ska:

Öka din vatten- och matförsörjning till 7 dagar.

Ha en plan för värme, ljus och energi.

Skapa ett enkelt sjukvårdssystem och hygien och toalettrutiner.

Bygga upp en kommunikationsplan.

Beteendeförändring
Börja tänka i längre tidsperioder

På krisnivå 1 tänkte du "klarar jag mig tre dagar?" På krisnivå 2 börjar du tänka "hur klarar jag mig en hel vecka eller längre?"

Så här ändrar du ditt tankesätt:

Planera ditt matförråd efter veckor, inte dagar. Ha alltid vatten nog för en vecka hemma. Fundera på långsiktiga lösningar – inte bara korta nödlösningar. Många tror att de är redo – men har aldrig testat sin beredskap.

Övning: Stäng av elen i 24 timmar. Ät bara av din beredskapsmat i två dagar. Låt bli att handla i en vecka – klara dig på det du har. Du kommer snabbt inse vad du saknar. Vad gör dina grannar om de inte har vatten? Hur påverkas din bostad om avloppet slutar fungera? Vem i ditt område kan du samarbeta med?

Den som är på krisnivå 2 börjar förstå att ensam inte är stark i en längre kris.

Konkreta aktiviteter
Så tar du till krisnivå 2

Öka ditt vattenlager till en vecka

Minst 70 liter per person.

Köp större livsmedelsgodkända dunkar och lagra smart.

Skaffa en vattenreningslösning.

Ha mat som räcker en vecka utan affärer

Skaffa ett alternativ för matlagning utan el.

Skaffa hygien- och toalettlösningar för en vecka

Kapitel 6:
Från krisnivå 2 till krisnivå 3
Klarar 7 dagar självständigt

Hur du går från att klara en vecka till att ha en långsiktig strategi för längre kriser. Om du har tagit dig till krisnivå 2, har du redan gjort mer än de allra flesta. Du har en beredskap för en vecka – vatten, toalett, mat, hygien och värme. Du har börjat tänka strategiskt och testat din utrustning. Du har en plan för kortare kriser och vet hur du hanterar grundläggande problem. Men vad händer om en kris pågår längre än en vecka? När hjälpen inte kommer, och samhället fortfarande inte fungerar – hur klarar du dig då? Nu är det dags att ta nästa steg: Att bygga en långsiktig strategi som gör dig självständig i en längre kris. På krisnivå 3 handlar det inte längre om att "klara sig" – utan att kunna leva och fungera på egen hand i minst 14 dagar, kanske ännu längre.

Insikter
Det du måste förstå först

För att gå från krisnivå 2 till krisnivå 3 måste du förstå att vissa kriser tar längre tid att lösa än vi tror. På krisnivå 2 är du redo för en vecka – men du har fortfarande en osäkerhet om vad som händer efter det. På krisnivå 3 har du en strategi som gör att du klarar en längre kris utan panik. Låt oss titta på tre avgörande insikter som tar dig vidare.

En vecka går fort – vad händer sen?
"Jag har mat och vatten för en vecka – det räcker väl?"
Ja, för en kort kris.

Men vad händer om det tar längre tid att återställa el, vatten, avlopp och matleveranser? Dag 1–3: Du använder din beredskap och följer planen. Dag 4–7: Resurserna börjar sina, men du håller dig lugn. Dag 8: Nu börjar problemen – och du har ingen plan längre. För att nå krisnivå 3 måste du planera för att vara självständig i minst 14 dagar. Du kan inte förlita dig på förråd – du måste tänka i system.

"Jag har ett matförråd – jag är redo!"
Men vad gör du när maten är slut?

Krisnivå 3 handlar om att bygga SYSTEM inte bara lager

Nytt vatten måste kunna fyllas på. Mat måste kunna förnyas. Energi måste kunna genereras. Om du bara har ett förråd och inget sätt att fylla på det – då har du fortfarande en tidsbegränsad beredskap. En längre kris påverkar din hälsa, energi och mentalitet

"Jag klarar en vecka utan problem!"
Men hur påverkas du efter två veckor?

Utan variation i kosten blir du svagare och mer mottaglig för sjukdomar. Brist på värme och hygien gör att du kan få infektioner och utslag. Brist på kommunikation och social kontakt kan skapa ångest och stress. På krisnivå 3 handlar det inte bara om att ha resurser – utan att bibehålla ett fungerande liv.

Från insikt till handling
Ditt nästa steg

Nu när du förstår att krisnivå 3 handlar om att kunna leva i en längre kris, ska vi gå igenom exakt vad du behöver göra för att ta dig vidare. För att gå från krisnivå 2 till krisnivå 3 behöver du: Planera för vatten och mat i minst 14 dagar – och ha en strategi för påfyllning. Skaffa alternativ energi och värmekällor för längre tid. Bygga upp kunskap och färdigheter som gör att du klarar en längre kris.

Beteendeförändringar
från förråd till system

På krisnivå 2 har du ett förråd som räcker en vecka. På krisnivå 3 börjar du tänka på hur du fyller på dina resurser. Hur kan du samla vatten om din dunk tar slut? Kan du börja odla eller förvara mat smartare? Har du en alternativ energikälla som ger dig ström i längre tid? Att planera långsiktigt är nyckeln. "Jag har 14 dagars mat – men hur länge håller jag mentalt?"

På krisnivå 3 börjar du inse att psykologisk uthållighet är lika viktig som fysisk beredskap. Har du böcker, kortspel eller något att sysselsätta dig med? Kan du hålla igång en daglig rutin även i en längre kris? Hur påverkas din familj och dina grannar av en längre kris? Du börjar förstå att beredskap handlar om mer än bara saker – det handlar om din inställning.

Konkreta aktiviteter
Så tar du dig till krisnivå 3

Bygg en hållbar vattenstrategi. Ha vatten för 14 dagar och en plan för påfyllning. Skaffa större dunkar och vattensamlingssystem (t.ex. regntunna). Skaffa ett vattenfilter som klarar längre användning.

Skaffa en energilösning som fungerar i 14 dagar. Ha värme, ljus och ström i två veckor. Skaffa en solcellsladdare och powerbank. Ha gas eller fotogen för att värma och laga mat.

Börja tänka på matförvaring och självförsörjning Mat som räcker längre än ditt förråd. Lär dig långtidsförvaring av mat (torkning, konservering) Planera för matlagning utan el under längre tid.

Skapa en långsiktig sjukvårds- och hygienstrategi Kunna hantera hälsa och hygien i en längre kris. Ha mer avancerad första hjälpen (t.ex. antibiotikasalva, febernedsättande) Planera hygienlösningar som räcker i flera veckor.

Nu är du redo för det som de flesta inte är, när du når krisnivå 3 har du en hållbar plan för en längre kris. Du har inte bara förråd – du har ett SYSTEM. Du kan klara 14 dagar eller mer utan att vara beroende av samhället.

Kapitel 7:

Från krisnivå 3 till krisnivå 4
Klarar 14 dagar självständigt

Hur du går från att klara en längre kris till att skapa en hållbar och långsiktig hemberedskap.

Från överlevnad till hållbarhet, nu har du tagit dig till Nivå 3 och du har en stabil plan för att hantera en längre kris. Du kan klara minst 14 dagar på egen hand. Du har system för vatten, hygien, toalettbestyr, mat, matlagning energi och kommunikation. Du har testat din plan och vet att den fungerar. Men vad händer om krisen pågår i en månad – eller längre? Om samhället inte återhämtar sig inom några veckor, behöver du en långsiktig lösning. Det är här du börjar tänka i självförsörjning i stället för förråd. På krisnivå 4 handlar det inte längre om att "klara sig" – utan om att leva, fungera och fortsätta utvecklas i en längre kris.

Insikter
Det du måste förstå först

För att gå från krisnivå 3 till krisnivå 4 behöver du inse tre saker: Ditt förråd är tidsbegränsat – du måste börja producera och förnya resurser. Du behöver en långsiktig energikälla för att hantera värme, ljus och matlagning. Hemberedskap är inte längre bara en privat angelägenhet – du måste börja samarbeta med andra. Låt oss gå igenom dessa insikter i detalj. Ditt förråd är tidsbegränsat – du måste börja producera

"Jag har mat och vatten för en månad – det räcker väl?"

Nej. För på dag 30 är ditt förråd fortfarande en tickande klocka.

På krisnivå 3 tänker du "hur länge räcker mina resurser?" På krisnivå 4 tänker du "hur kan jag skapa mer resurser?" För att kunna leva hållbart måste du börja producera i stället för att bara konsumera. Vatten: Hur kan du samla, rena och återanvända vatten? Mat: Hur kan du odla, konservera och förlänga din livsmedelsförsörjning? Energi: Hur kan du skapa en energikälla som varar över tid?

Om du inte kan förnya dina resurser – kommer du fortfarande att vara beroende av att krisen tar slut.

På Nivå 3 tänker du "hur skyddar jag mig själv?"

På Nivå 4 tänker du "hur bygger jag en gemenskap som klarar sig tillsammans?"

Från insikt till handling
Ditt nästa steg

För att gå från krisnivå 3 till krisnivå 4 måste du börja tänka på självförsörjning och uthållighet.

Det innebär att du ska: Bygga ett system för vattenförsörjning som fungerar på lång sikt. Starta matproduktion genom odling, djurhållning eller långsiktig matförvaring. Etablera en hållbar energilösning som kan användas i månader eller år. Bygga en strategi för samverkan med andra.

Kapitel 8:
Klarar mer än 1 månad självständigt (självförsörjande)

Hur du går från att vara hållbart förberedd till att kunna leva helt utan stöd från samhället. Från överlevnad till ett nytt sätt att leva, om du har tagit dig till krisnivå 4, betyder det att du redan är en av de mest förberedda personerna i ditt samhälle. Du har en vattenkälla som fungerar året runt. Du har matproduktion och en hållbar energikälla. Du har byggt ett nätverk och samverkar med andra. Men krisnivå 5 är något annat, nu handlar det inte längre om att klara en kris – det handlar om att leva helt oberoende av samhällets system. Det här är nivån där du inte längre är beroende av elnätet, matbutiker eller ens en fungerande stat. Du är självförsörjande och kan upprätthålla din livsstil oavsett vad som händer.

Insikter
Det du måste förstå först

Att gå från krisnivå 4 till krisnivå 5 innebär att du måste förstå tre avgörande principer: Du måste kunna producera ALLA dina resurser – inte bara vissa. Du måste ha en kunskapsnivå som gör att du kan reparera, bygga och underhålla det du behöver Du måste skapa ett samhälleligt och socialt nätverk för att kunna leva hållbart. Du måste kunna producera ALLA dina resurser

"Jag odlar lite grönsaker, jag är självförsörjande!"
Nej – riktig självförsörjning kräver mycket mer än så.

På krisnivå 4 har du ett system för att odla mat och generera energi, på krisnivå 5 måste du täcka ALLA dina behov själv. Matproduktion – Kan du odla, jaga, fiska och konservera mat för ett helt år? Vatten – Har du en pålitlig källa till dricksvatten, året runt? Energi – Kan du producera och lagra energi nog för att klara vintern? Hygien och sjukvård – Kan du producera tvål, mediciner och första hjälpen-material?

Om du inte kan producera dina egna resurser, är du fortfarande beroende av att samhället fungerar. Du måste ha en kunskapsnivå som gör att du kan reparera, bygga och underhålla allt du behöver

"Jag har en vedspis och en solpanel, så jag klarar mig!"
Men vad händer om de går sönder?

Från insikt till handling
Ditt nästa steg

Att gå från krisnivå 4 till krisnivå 5 innebär att du måste: Bygga ett helt självförsörjande livsstil – utan beroende av externa resurser. Utveckla en djup kunskap om reparationer, odling, djurhållning och sjukvård. Bygga ett starkt nätverk av likasinnade för att skapa ett hållbart och tryggt samhälle.

Beteendeförändring
Börja tänka på långsiktig självförsörjning
inte bara prepping

På krisnivå 4 ser du prepping som en strategi för att klara en lång kris. På krisnivå 5 är prepping en livsstil – du är inte längre beroende av det gamla systemet. Hur kan du leva ett helt år utan att köpa något från en butik? Hur kan du minska ditt beroende av moderna bekvämligheter? Hur kan du producera det du behöver i stället för att köpa det?

Beteendeförändring
Börja bygga upp en egen produktionskedja

"Jag odlar grönsaker – jag klarar mig!" Men hur ser du till att ha mat året runt? Lär dig odla året runt i växthus. Bygg en matförvaring som fungerar utan el. Starta djurhållning för ägg, mjölk och kött.

På krisnivå 5 handlar det om att inte bara producera mat – utan att producera ALLA resurser du behöver.

Du har tagit dig hela vägen från krisnivå 0 till krisnivå 5 – och du är nu en av de mest förberedda människorna i Sverige.

Sammanfattning
Din Hemberedskapsresa börjar idag

Hemberedskap är inte en engångsåtgärd – det är en resa. En resa genom sex krisnivåer som alla speglar hur redo du är att hantera en verklig kris.

Att vara på krisnivå 0 är i sig en kris

Det betyder att du är helt oförberedd och helt beroende av att någon annan löser problemet åt dig. När samhällets resurser pressas till max, när butikerna töms, när el och vatten försvinner – vad gör du då? Den första och viktigaste insikten du kan ta med dig är att inte stanna på krisnivå 0. Men hemberedskap handlar inte om att hoppa från noll till fullständig självförsörjning över en natt.

Det handlar om att ta ett steg i taget.

Krisnivå 0 – Den oförberedda

Här befinner sig den som inte har en plan. Inget vatten, ingen extra mat, ingen tanke på vad som händer vid ett längre strömavbrott. När krisen kommer är paniken ett faktum.

Krisnivå 1 – Den kortsiktigt förberedda

Här finns de som har lite extra hemma, kanske en dunk vatten, några konserver och en batteridriven lampa. Men beredskapen räcker bara några dagar – sedan blir det ett akut problem.

Krisnivå 2 – Myndigheternas riktlinje

Här når man den nivå som svenska myndigheter anser att varje hushåll bör ha – minst sju dagars egen beredskap. Men den som varit i en kris vet att en vecka går snabbt – och sen då?

Krisnivå 3 – Den långsiktigt förberedda

Här börjar man tänka längre. Två veckors mat och vatten, alternativa energikällor, lösningar för sanitet och hygien. Här inser man också att ensam är svag – samverkan med grannar och föreningen blir avgörande.

Krisnivå 4 – Den självförsörjande

Här är man nästan oberoende av samhällets resurser. Man kan försörja sig själv längre perioder genom egen odling, vattenförsörjning och energilösningar. Men även här kommer en insikt: självförsörjning ensam är inte hållbart – vi måste dela vår kunskap.

Krisnivå 5 – Den som bidrar till samhället

Den högsta nivån handlar inte längre om att bara klara sig själv, utan att stärka samhället. Här blir man en resurs för andra, en kunskapsdelare, en som hjälper fler att klara en kris.

Vad är viktigast att ta med sig?

Hemberedskap är ingen engångsinsats – det är en resa. Du bygger den över tid, både mentalt och ekonomiskt. Börja smått, gör det enkelt, men viktigast av allt: börja idag. Prata om hemberedskap – hemma, på jobbet, i skolan. Om vi vill att fler ska vara förberedda måste vi normalisera samtalet. Hur ser vi till att alla i familjen vet vad vi gör vid en kris? Vad kan vi göra på arbetsplatsen? Hur kan skolan bidra?

Grannsamverkan i kris
vi klarar oss bäst tillsammans

Knacka på hos grannen. Fråga: "Hur ser det ut för er vid en kris? Kan vi hjälpa varandra? Att skapa en lokal trygghet tillsammans gör hela skillnaden i en riktig krissituation. Lyft frågan i din bostadsrättsförening eller hyresvärd. Kan vi samordna en krisberedskap? En gemensam vattenlösning, en plan för sanitet, en lista över vilka resurser vi har i huset? När vi samverkar blir vi starkare. Beredskap är inte att vänta på att någon annan löser det. Beredskap är att ta ansvar – för dig själv, din familj och ditt samhälle.

Kapitel: 9

Personas
Att spegla sig själv i hemberedskapens olika krisnivåer

Varför är det viktigt att förstå vem du är i en kris?

När vi pratar om hemberedskap, är det lätt att fokusera på saker: hur mycket vatten du har, vilka verktyg som krävs och hur länge din mat räcker. Men den största faktorn för överlevnad är inte vad du har – utan hur du tänker och agerar.

Hemberedskap handlar inte bara om att köpa rätt utrustning. Det handlar om insikt, beteenden och mental förmåga att hantera en krissituation. Men hur vet du vilken typ av person du är i en kris?

Här kommer personas in i bilden. Vad är en persona? En persona är en fiktiv, men realistisk, beskrivning av en person på en viss krisnivå av hemberedskap. Genom att ge varje krisnivå en personlighet, bakgrund, drivkrafter och svagheter, kan vi förstå hur olika människor hanterar en kris beroende på deras förberedelser och tankesätt. Personas hjälper oss att spegla oss själva i beredskapsnivåerna.

Frågor att ställa sig:

Vem känner du igen dig i? Vilka insikter får du genom att se beredskap genom någon annans ögon? Vad måste du förändra för att ta dig vidare?

Krisnivå 0
Den oförberedda

"Jag har aldrig tänkt på det här. Det löser sig väl!"

Vem är personen på krisnivå 0? Det här är en person som aldrig reflekterat över sin egen sårbarhet. Hen lever från dag till dag och har inget mat- eller vattenförråd, ingen plan och ingen kunskap om hur man hanterar en kris. Om en kris skulle uppstå är personen helt beroende av andra.

Vilken insikt saknas?

Personen på krisnivå 0 har inte förstått att samhället är skört. Hen litar på att staten, kommunen och mataffären alltid kommer att fungera. För att ta sig till krisnivå 1 måste personen förstå att ansvaret ligger på den egna individen.

Krisnivå 1
Nybörjaren

"Jag vet att jag borde ha en plan, men den är inte riktigt klar."

Vem är personen på krisnivå 1? Det här är någon som börjat förstå att hemberedskap är viktigt, men som inte har en heltäckande plan. Hen har kanske en vattendunk, några konserver och en ficklampa – men saknar en strategi för att klara en längre kris. Personen kan hantera en kortare störning, men skulle få problem efter några dagar.

Vilken insikt saknas?

Personen på krisnivå 1 har inte testat sin beredskap. Hen tror att det räcker att ha några extra saker hemma, men har aldrig levt utan el, rinnande vatten eller fungerande butiker. För att ta sig till krisnivå 2 måste personen börja planera för minst 7 dagars självständighet och testa sin beredskap i praktiken.

Krisnivå 2
Den förberedda realisten

"Jag klarar en vecka, men behöver en bättre långsiktig plan."

Vem är personen på krisnivå 2? Det här är en person som är medveten om riskerna och har tagit konkreta steg för att vara redo. Hen har ett matförråd för en vecka, vattenförsörjning och en nödlösning för värme och ljus. Personen är fortfarande beroende av att samhället fungerar efter en vecka.

Vilken insikt saknas?

Personen på krisnivå 2 tänker fortfarande i korta tidsramar. Hen har en plan för en vecka men har inte funderat på vad som händer efter det. För att ta sig till krisnivå 3 måste personen tänka i längre tidsramar och ha system för att förnya sina resurser.

Krisnivå 3
Den självständiga strategen

"Jag har en strategi och kan klara en längre kris."

Vem är personen på krisnivå 3? Det här är en person som inte längre är beroende av att samhället återhämtar sig snabbt. Hen har en plan för minst 14 dagar, alternativa energikällor och en strategi för vattenförsörjning. Personen är dock fortfarande beroende av att vissa resurser kan fyllas på utifrån.

Vilken insikt saknas?

Personen på krisnivå 3 har inte nått självförsörjning. Hen kan hantera en längre kris, men har fortfarande vissa svagheter, exempelvis beroende av viss infrastruktur eller brist på odlingsmöjligheter. För att ta sig till krisnivå 4 måste personen börja bygga långsiktiga system för självförsörjning.

Krisnivå 4
Den självförsörjande överlevaren

"Jag behöver inte samhällets stöd i en krissituation."

Vem är personen på krisnivå 4? Det här är en person som kan leva självförsörjande under långa perioder. Hen har egen matproduktion, vattenförsörjning och en hållbar energikälla. Personen har dock begränsningar i form av ensamhet eller svårigheter vid sjukdomar och skador.

Vilken insikt saknas?

Personen på krisnivå 4 ser fortfarande beredskap som en individuell lösning. För att ta sig till krisnivå 5 måste personen förstå att verklig överlevnad kräver samarbete och att bygga ett hållbart mikrosamhälle.

Krisnivå 5
Den helt oberoende pionjären

"Jag är en del av framtiden."

Vem är personen på krisnivå 5? Det här är en person som lever ett liv helt oberoende av samhället. Hen har byggt upp ett fungerande självförsörjande ekosystem, ofta i samarbete med andra likasinnade. Personen har lämnat det moderna samhällets struktur och bygger aktivt ett nytt sätt att leva.

Vilken insikt saknas?

Personen på krisnivå 5 kan bli isolerad från samhället och riskera att bli en måltavla vid extrem samhällsstörning.

Reflektion – Vilken persona känner du igen dig i? Beredskap är en resa. Det handlar inte om att ha allt på en gång – det handlar om att hela tiden utvecklas. Vilken krisnivå är du på? Och vilken krisnivå vill du nå?

Personas
De olika krisnivåerna av hemberedskap

En djupgående beskrivning av vem du är beroende på vilken krisnivå du befinner dig på. Nu när vi har gått igenom alla krisnivåer av hemberedskap, är det dags att förstå vilka typer av personer som befinner sig på respektive krisnivå. Den här delen hjälper dig att identifiera dig själv i någon av dessa personas.

Vem är du? Vilka styrkor och svagheter har du i en kris? Vad måste du förändra för att ta dig till nästa krisnivå?

Låt oss utforska varje krisnivå genom en detaljerad personbeskrivning, så att du kan känna igen dig själv – eller kanske någon i din omgivning.

Krisnivå 0
Den oförberedda

"Jag har aldrig tänkt på det här. Det löser sig väl!"

Personprofil: Lisa, 34 år, Stadsbo Utan Plan B

Bor: Lägenhet i centrala stan

Jobb: Projektledare på en reklambyrå

Vardag: Digital, alltid uppkopplad, lever för stunden

Mat: Handlar varje dag, äter ute ofta

Ekonomi: Betalar med kort, har sällan kontanter

Komfort: Van vid ständig tillgång till el, vatten och service

Egenskaper

(+) Optimistisk & bekväm – Lisa tror att samhället alltid kommer att fungera.

(+) Social & utåtriktad – Hon är aktiv på sociala medier och umgås ofta med vänner.

(+) Karriärfokuserad – Hennes jobb tar upp det mesta av hennes tid.

(-) Naiv & oförberedd – Har aldrig tänkt på hur hon skulle klara sig i en kris.

(-) Extremt beroende av samhället – Har inga reserver, ingen plan och ingen backup.

(-) Dålig ekonomisk buffert – Lever från lön till lön, har inga extra resurser.

Drivkrafter & Motivation

"Jag vill leva i nuet. Att tänka på katastrofer känns onödigt och negativt."

"Samhället har alltid fungerat – varför skulle det sluta göra det nu?"

"Om något händer, kommer någon annan att lösa det."

Lisa är inte emot hemberedskap, men hon ser ingen anledning att bry sig om det. Hon tror på systemet och förväntar sig att regeringen eller kommunen kommer att ta hand om henne om något händer.

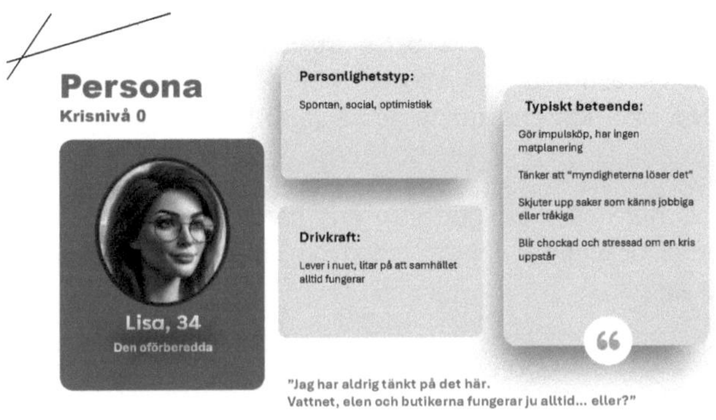

Lisa har aldrig sett sig själv som en person som behöver tänka på krisberedskap. Hennes liv har alltid varit förutsägbart. Vattnet kommer ur kranen när hon vrider på den. Kaffebryggaren startar varje morgon. Mobilen laddar som den ska. Allt fungerar – tills det inte gör det.

När nyheterna en dag rapporterar om en omfattande vattenläcka i kommunen tänker hon först inte mycket på det. "Det gäller säkert inte mig," intalar hon sig. Men när hon kommer hem och vrider på kökskranen hör hon bara ett tomt gurglande ljud. Inget vatten.

Hon öppnar kylskåpet. Där finns en halvfull flaska mineralvatten, men det är allt.

"Det är lugnt", tänker hon. "Jag går bara ner till affären och köper mer."

Men när hon kommer fram till butiken ser hon långa köer och nästan tomma hyllor. Vattnet är redan slut.

Det är då det slår henne: Hon är helt beroende av att samhället fungerar – och nu gör det inte det.

Hon börjar tänka på vad detta innebär. Om vattnet inte kommer tillbaka imorgon, vad gör hon då? Hur ska hon laga mat? Hur ska hon ens kunna gå på toaletten? Hon har ingen plan.

Och när hon inser att hon inte ens har några grannar hon känner tillräckligt väl för att fråga om hjälp, börjar paniken smyga sig på.

Insikten
Jag kan inte klara detta ensam

När Lisa kommer tillbaka till sin lägenhet slår hon sig ner vid köksbordet och stirrar ut genom fönstret. Hon ser barn leka på innergården, grannar som kommer hem från jobbet, folk som lastar ur matkassar från bilen.

Hon är omgiven av människor, men ändå ensam i sin kris.

Hon tänker på de äldre grannarna i huset. Om hon har problem – hur har de det då?

Och plötsligt förändras hennes perspektiv. Tänk om de i stället hade haft en gemensam plan? Tänk om de tillsammans hade haft en krisberedskap inom föreningen?

Lisa förstår att hon aldrig har behövt tänka på detta tidigare – men nu vet hon att hon inte kan ignorera det längre

Lösningen
Grannsamverkan och
bostadsrättsföreningen som trygghet

Lisa bestämmer sig för att ta reda på om hennes bostadsrättsförening har en krisberedskapsplan. Hon mejlar styrelsen och får snabbt svar: Nej, det finns ingen organiserad plan för kriser.

Hon inser att hon inte är den enda som är oförberedd – alla i huset är i samma situation. Men om de istället börjar samarbeta, kan övergången från krisnivå 0 till krisnivå 1 bli mycket enklare.

Hon samlar mod och föreslår på nästa föreningsmöte att de borde ha en grundläggande krisberedskap i huset. Några grannar verkar skeptiska – men andra är genast med på idén.

De börjar diskutera
konkreta lösningar

Kan föreningen ha en gemensam vattenreserv i fastigheten?

Kan de köpa in en nödkamin eller en gasolplatta som kan delas vid strömavbrott?

Kan de skapa en kontaktlista där grannar kan hjälpa varandra vid kriser?

Lisa känner att bördan minskar. Hon behöver inte fixa allt själv – tillsammans kan de skapa en trygghet för hela huset.

Vägen från krisnivå 0 till krisnivå 1
Med hjälp av gemenskap

När Lisa tar de första stegen mot krisberedskap märker hon att det är mycket enklare att ta sig framåt när man inte är ensam.

Hon lär sig att

Hon behöver inte ha allt själv – men hon behöver veta vem hon kan vända sig till. Genom att samarbeta kan föreningen skapa en större trygghet med mindre insats från varje individ. Att känna sina grannar och våga prata om beredskap gör att kriser känns mindre skrämmande.

Tack vare bostadsrättsföreningen och grannarna tar Lisa snabbare och enklare steget från att vara oförberedd till att ha en grundläggande krisberedskap. Hon har nu en egen vattenförsörjning, en plan för mat och hygien och en trygghet i att hon har ett nätverk av grannar som kan hjälpa till vid en kris.

Hon är inte längre ensam
och hon är inte längre på krisnivå 0

Krisnivå 1
Nybörjaren

"Jag vet att jag borde ha en plan, men den är inte riktigt klar."

Personprofil: Johan, 28 år, Småbarnsförälder Som Börjar Inse Allvaret

Bor: Radhus i förorten

Jobb: IT-konsult, jobbar hemifrån delvis

Familj: Två små barn och en sambo

Mat: Börjat handla mer långsiktigt, men saknar struktur

Beredskap: Har ficklampa och powerbank, men inget mer

Egenskaper

(+) Nyfiken & öppen för förändring – Johan har börjat tänka på hemberedskap.

(+) Familjeorienterad – Inser att han har ett ansvar för sina barn.

(+) Tekniskt kunnig – Förstår vikten av information och kommunikation.

(-) Saknar struktur – Har börjat köpa extra saker men saknar en riktig plan.

(-) Har inte testat sin beredskap – Vet inte om hans lösningar faktiskt fungerar.

(-) Förlitar sig fortfarande på samhället – Tror att en vecka är tillräcklig beredskap.

Drivkrafter & Motivation

"Jag har barn, jag måste kunna skydda dem."

"Det känns skönt att ha lite extra hemma, men jag är inte riktigt säker på om det räcker."

"Om det blir en kris, vill jag vara redo."

Johan är inte rädd, men han är försiktig. Han ser vikten av att vara redo, men vet inte riktigt hur han ska strukturera sin beredskap.

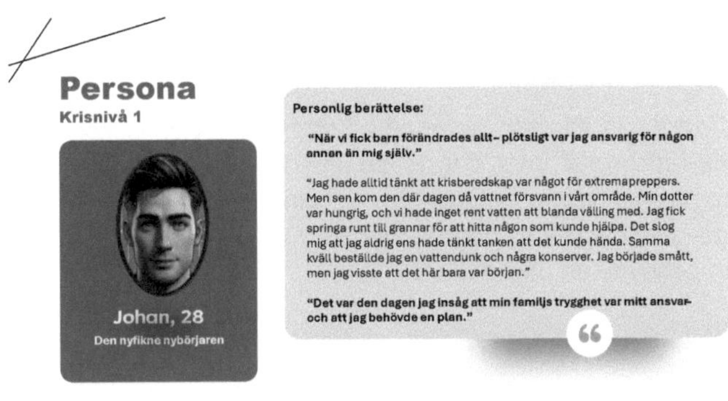

Johan trodde att han hade koll på sin hemberedskap. Han hade vatten för tre dygn, ett litet matlager, en powerbank och ett stormkök. "Det räcker," hade han tänkt. "Strömmen brukar ju alltid komma tillbaka efter någon dag."

Men så kom det stora elavbrottet.

Första dagen var inget större problem. Mobilen fungerade fortfarande, butikerna hade öppet, och han kunde laga mat på sitt stormkök. Men dag två började det kännas besvärligt. Vattentrycket i kranen blev sämre, och rykten började gå i huset om att vattenreserverna höll på att ta slut. Dag tre var det som om hela samhället förändrades. Butikerna började få tomma hyllor. Folk fyllde på sina vattendunkar i panik. Ingen visste längre när elen skulle komma tillbaka.

Johan var förberedd – men bara för 72 timmar.

Insikten
Jag har inget försprång längre

Vid dygn fyra stirrade Johan på sina tomma vattenflaskor. Han hade ransonerat, men det räckte inte. Han insåg att han var i samma situation som alla andra nu. Hans kortsiktiga beredskap hade gett honom tre lugna dygn – men nu började allvaret. Han behövde en bättre plan.

Lösningen
Bygga en långsiktig strategi – med grannarna

Johan bestämde sig för att han inte kunde klara detta ensam. Han började prata med sina grannar, och det visade sig att flera av dem satt i exakt samma sits. Ingen hade vatten längre. Ingen visste hur de skulle hantera toalettbestyr. Ingen hade en plan för vad som händer när 72 timmar passerat.

De började diskutera lösningar

Kunde föreningen ha en gemensam vattentank?

Fanns det ett sätt att rena vatten på plats?

Hur kunde de skapa en bättre plan för toalett och hygien?

Johan insåg att gruppens styrka var deras bästa resurs.

Vägen från Krisnivå 1 till Krisnivå 2 – Från kortsiktighet till uthållighet. För Johan blev detta en väckarklocka. Tre dygn var inte en riktig krisberedskap – det var bara en fördröjning av paniken.

Han behövde

Vatten för minst två veckor – inte bara några flaskor i skafferiet.

Ett sätt att rena vatten – så han aldrig hamnade i panik vid nästa avbrott.

En plan för toalett och sanitet – för hygien var lika viktigt som vatten.

Mat som räckte längre än bara 72 timmar – för butikerna kunde inte förväntas ha något kvar.

När han började göra dessa förändringar kände han skillnaden direkt. Nästa gång elen gick, behövde han inte längre räkna ner timmarna tills resurserna tog slut.

Han hade passerat gränsen mellan 72-timmars överlevnad – och riktig krisberedskap

"Jag klarar en vecka, men behöver en bättre långsiktig plan."

Personprofil: Anna, 42 år, Husägare med Grundberedskap

Bor: Villa i en mindre stad

Jobb: Sjuksköterska på ett sjukhus

Familj: Gift, två tonårsbarn

Mat: Har ett matförråd, men det är inte helt genomtänkt

Vatten: Har extra dunkar men ingen långsiktig lösning

Värme: Har en kamin men saknar extra vedlager

Beredskap: Har testat vissa lösningar men aldrig varit utan el längre än en dag

Egenskaper

(+) Ansvarsfull & pragmatisk – Anna har ett ordnat liv och tar ansvar för sin familj.

(+) Medveten & realistisk – Hon inser att kriser kan hända och vill vara redo.

(+) Har testat vissa delar av sin beredskap – Vet att vissa saker fungerar, men saknar fullständig planering.

(-) Saknar långsiktig strategi – Klarar en vecka men vet inte hur hon skulle klara sig längre än så.

(-) Beroende av samhället på lång sikt – Litar fortfarande på att hjälp kommer inom rimlig tid.

(-) Har inte testat sin beredskap i skarpa scenarier – Har aldrig försökt leva helt utan el och vatten i en längre period.

Drivkrafter & Motivation

"Jag vill att min familj ska vara trygg, oavsett vad som händer."

"Jag har en grundberedskap, men jag vet att jag kan göra mer."

"Om jag planerar rätt, behöver jag aldrig oroa mig för en kris."

Anna har insikt och en viss beredskap, men hon har ännu inte tagit steget till att verkligen kunna hantera en längre kris.

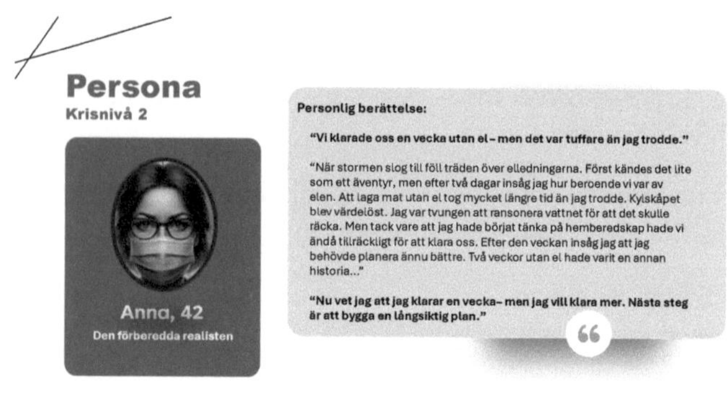

Anna har alltid sett sig själv som en ansvarsfull och väl förberedd person. Hon har följt MSB:s riktlinjer till punkt och pricka:

Vatten för sju dagar.

Matförråd med konserver, pasta och ris.

Stormkök och bränsle.

Ficklampa, batterier och powerbank.

Första hjälpen-kit och nödradio.

Hon känner sig trygg. Hon har gjort allt rätt. Men det är innan den verkliga krisen slår till.

När rekommendationerna inte är nog

En kraftig storm slår till över Sverige. På bara några timmar har ovädret fällt träd över kraftledningar, skapat översvämningar och orsakat omfattande elavbrott. Till en början känns det hanterbart. Anna plockar fram sin beredskapslåda, tänder stearinljus och kokar te på sitt stormkök.

Men efter några dagar börjar problemen hopa sig. Vattendunkarna börjar tömmas – och hon inser att hon inte har någon plan för att fylla på mer vatten. Gasolen till stormköket börjar sina – och affärerna är redan tömda. Grannarna i huset börjar fråga om hon har extra vatten och mat – och Anna inser att hon kan tvingas dela det hon har. Toalettproblemen blir allt större – hon har ingen riktig strategi för avfall och hygien över tid.

Och framför allt: Hon har ingen aning om hur länge detta ska pågå. Sju dagar – sen då?

Uppvaknandet
Självförsörjning är nästa nivå

När dag åtta kommer, inser Anna att hon är på väg att hamna i samma situation som alla andra. Hennes hemberedskap har köpt henne tid, men inte löst det långsiktiga problemet. Hon har inget sätt att rena vatten – när dunkarna är slut, är de slut. Hon har ingen energikälla utöver batterier – och powerbanken är snart urladdad. Hon har ingen plan för hur hon ska laga mat när bränslet tar slut. Hon har ingen lösning för toalett och sanitet när det börjar bli ohållbart. Hon har förberett sig för en vecka av kris – men hon har inte förberett sig på att samhället kan vara ur funktion mycket längre än så. Och nu förstår hon:

Hon måste ta sig till nästa nivå.

Vägen från krisnivå 2 till krisnivå 3
Bygga en uthållig beredskap

För att Anna ska ta sig från kortvarig krisberedskap till en mer långsiktig lösning, behöver hon förändra sitt sätt att tänka. Hon börjar fundera på vad som krävs för att klara sig i minst två veckor – utan att förlita sig på att samhället fungerar.

Vatten – Självförsörjning i stället för lagring. Hon inser att lagra vatten räcker inte. Hon behöver ett vattenfilter så att hon kan rena vatten från sjöar, bäckar eller andra källor. En plan för hur hon fyller på sina dunkar om butikerna aldrig får in nytt.

Mat – Från lager till hållbarhet. Hon börjar tänka bortom konserver och pasta. Har hon tillräckligt med näringsrik mat för två veckor? Kan hon laga mat utan att använda en massa bränsle? Hur kan hon minska sitt beroende av färskvaror?

Energi – Ett sätt att hålla igång längre. Batterier är bra, men de tar slut. Hon börjar titta på en solcellsladdare för att hålla mobiler och radio igång. Alternativa ljuskällor som dynamolampor och solcellslampor. En plan för värme – vad gör hon om strömmen är borta i veckor?

Sanitet – Långsiktig hygien och toalettbestyr. Hon har torrtoalettpåsar för en vecka – men sen då? Kan hon ordna en bättre toalettlösning, som en portabel komposttoalett? Har hon nog med tvål, våtservetter och desinfektionsmedel? Hur kan hon hålla sig ren utan rinnande vatten?

Slutsatsen
Den stora insikten

När dag åtta kommer är Anna mentalt och fysiskt utmattad. Hon har försökt följa myndigheternas riktlinjer. Hon har gjort allt rätt. Hon har planerat, lagrat, sparat och ransonerat. Ändå sitter hon här – och kämpar. Hennes dunkar är nästan tomma, stormköket har nästan inget bränsle kvar, och hon börjar känna sig orolig på riktigt. Sju dagar – en vecka – är en lång tid att klara sig själv. Hon tittar ut genom fönstret. I trapphuset hör hon grannar prata lågt. De har också problem. Någon har slut på batterier och kan inte längre lyssna på radion. Någon annan letar efter något att elda med för att hålla värmen. Flera har ingen fungerande toalettlösning längre – och det börjar bli ohållbart. Anna känner hur en större insikt börjar sjunka in.

Det är omöjligt att klara det här ensam. Det handlar inte om att hon gjort fel – hon har bara trott att beredskap var en individuell fråga. Men i en kris är ensamheten den största svagheten.

När ensamhet blir en fälla
och samarbete blir lösningen

Hon ser sig omkring i sin bostad. Hon tänker på alla timmar hon har kämpat för att ransonera sitt vatten, sin mat och sin energi. Hon tänker på hur hon har oroat sig för vad som händer när resurserna tar slut. Men plötsligt förändras hennes perspektiv. Vad hade hänt om hon inte behövt göra det här ensam? Om de i föreningen hade haft en gemensam vattenförsörjning – hade hon sluppit oroa sig för att dunkarna skulle ta slut. Om de hade organiserat ett system för toalett och hygien – hade det inte varit ett desperat problem nu.

Om någon hade haft en vedspis, en extra gasolvärmare eller en större elförsörjning, kunde fler ha delat på resurserna. Om grannarna redan innan krisen hade en plan för hur de skulle samarbeta – hade de sluppit försöka lösa problemen i panik. Hon inser att myndigheternas krav på minst sju dagars hemberedskap är en tuff och svår resa att klara ensam. Men det är möjligt att uppnå – om de gör det tillsammans.

Från individuell kamp till kollektiv trygghet

Hon har alltid trott att hemberedskap handlar om att klara sig själv. Men nu förstår hon att det handlar om att klara sig tillsammans. Det är nu det verkliga ansvaret börjar. Anna bestämmer sig – hon ska lyfta frågan i föreningen. Hon ska prata med grannarna, med styrelsen och få igång en riktig plan för grannsamverkan i kris. För nästa gång ska hon inte bara vara beredd själv – hon ska vara en del av en trygghet som sträcker sig längre än hennes egen dörr. Hon trodde att beredskap handlade om att ha rätt saker.

**Nu förstår hon att den verkliga
beredskapen handlar om människor**

Krisnivå 3
Den självständiga strategen

"Jag har en strategi och kan klara en längre kris."

Personprofil: Mikael, 50 år, Bor på Landet och Har en Plan

Bor: Gård på landsbygden

Jobb: Egenföretagare inom byggbranschen

Självförsörjning: Har höns och odlar grönsaker

Värme & energi: Har vedspis och solceller

Beredskap: Klarar sig 14+ dagar utan stöd från samhället

Egenskaper

(+) Självständig & lösningsorienterad – Mikael tar ansvar för sin egen säkerhet.

(+) Har en fungerande plan – Har skapat system för att hantera en längre kris.

(+) Har testat sin beredskap – Vet hur det är att leva utan el och rinnande vatten under längre perioder.

(-) Inte helt självförsörjande – Klarar sig länge men är beroende av externa resurser på sikt.

(-) Saknar starkt nätverk – Har vissa kontakter men behöver mer samarbete med andra.

(-) Fokuserad på vissa aspekter, men inte alla – Har energi och mat men kanske brister i sjukvård eller långsiktig planering.

Drivkrafter & Motivation

"Jag vill vara oberoende av samhället och kunna ta hand om mig själv."

"Jag vet att jag klarar mig i en längre kris, men jag kan bli ännu mer självförsörjande."

"Om jag bygger rätt system nu, behöver jag aldrig oroa mig i framtiden."

Mikael är en strategisk tänkare och ser till att ha fungerande lösningar. Men han vet att han ännu inte är helt självförsörjande och behöver förbättra vissa områden.

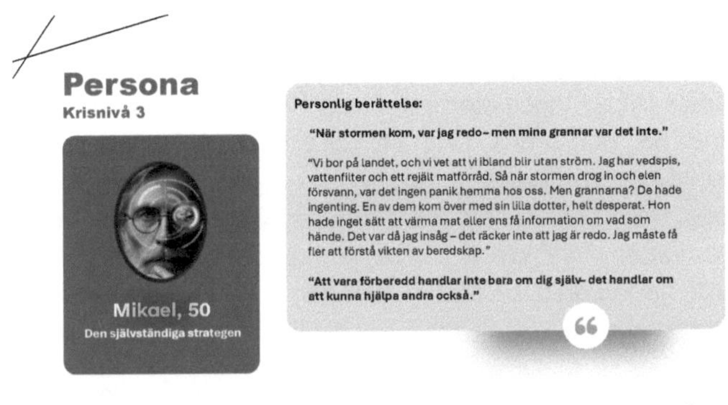

När självgodheten blir en fälla

Mikael känner sig trygg i sin beredskap. Han har varit intresserad av hemberedskap länge och har mer resurser än de flesta. Han vet att en vecka inte räcker, så han har förberett sig för minst 14 dagar utan stöd från samhället. Vatten för flera veckor – både lagrat och möjlighet att rena mer. Matförråd med varierade råvaror som gör att han kan laga näringsrik mat under längre tid. Energi och uppvärmning – han har både powerstation, solceller och en liten gasolkamin. Sanitet och toalettlösning – han har en fungerande plan för avfall och hygien. Han är redo för en längre kris. Han har testat sin beredskap, han har upplevt strömavbrott utan att drabbas av panik.

Han känner sig redo.

Men det är här hans största svaghet finns

Det är en kylig höstkväll när det händer. Ett omfattande elavbrott drabbar hela regionen. Nyhetsrapporteringen är knapphändig, men det står klart att flera stora kraftstationer har påverkats och att situationen är allvarlig. Första dagen märker Mikael ingen större skillnad. Han gör precis som han tränat på. Han drar i gång sitt solcellsbatteri, kokar mat på gasolköket och filtrerar vatten från sin regntunna. Han är inte orolig. Han ser på sina grannar som springer runt i panik, letar efter vatten, försöker få tag på värmeljus. Han tänker att de borde ha förberett sig bättre. Men dag fem händer något han inte räknat med.

När grannarna knackar på dörren. Första dagarna har han håligt sig för sig själv. Han vet att fler i huset inte är förberedda – men han känner att det är deras problem, inte hans. Men så börjar knackningarna på dörren. Först är det en granne som frågar om han har extra vatten. Sen en annan som undrar om han vet hur man lagar mat utan el. Någon ber honom låna ut ett batteri så att de kan ladda mobilen och få information. Och det är nu insikten slår honom.

Beredskap är meningslös
om ingen annan är redo

Mikael har allting han behöver, men vad spelar det för roll när alla runt honom saknar det mest grundläggande? Han kan inte längre ignorera verkligheten. Om hela huset är utan vatten – hur länge kan han vägra att dela med sig? Om grannarna fryser – kan han sitta ensam med sin gasolkamin och se på? Om någon blir sjuk på grund av dålig hygien – vad händer då?

Han trodde att han var redo för en kris

Men han inser nu att en ensam individ kan vara hur förberedd som helst – men om ingen annan är det, blir han ändå en del av problemet.

**Vägen från krisnivå 3 till krisnivå 4
Från individuell beredskap till samhällsberedskap**

För Mikael blir detta en väckarklocka. Beredskap handlar inte bara om vad han har i sitt förråd. Det handlar om att skapa en trygghet som fungerar även utanför hans egen dörr. Så vad gör han? Han börjar dela med sig av sin kunskap. Han inser att han kan hjälpa sina grannar att förstå vad de behöver göra. Han visar hur de kan rena vatten i stället för att bara hoppas att det kommer tillbaka. Han lär dem att laga mat med enkla metoder så att de inte står helt utan möjligheter. Han hjälper föreningen att upprätta en krisplan, så att de nästa gång inte behöver förlita sig på att enskilda individer ska ha all lösning. Han trodde att han var klar med sin beredskapsresa.

Men nu inser han att den största nivån av beredskap inte handlar om att klara sig själv – utan om att skapa en trygghet som fler kan vara en del av

**Han går från att vara en ensam individ i krisen
till att vara en del av lösningen för hela
bostadsrättsföreningen**

Krisnivå 4
Den självförsörjande överlevaren

"Jag behöver inte samhällets stöd längre."

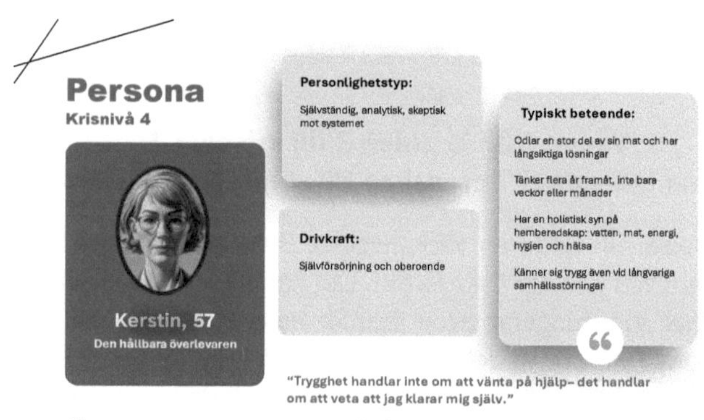

Personprofil: Kerstin, 57 år, Självförsörjande på landsbygden

Bor: Ensamt hus på landsbygden med stor tomt

Jobb: Lärare

Självförsörjning: Har höns, odlar egna grönsaker och bär

Vatten: Egen brunn och regnvattensystem

Värme & energi: Vedspis, solceller och biogas

Transport: Traktor och cykel – få beroenden av fossila bränslen

Egenskaper

(+) Helt oberoende av matbutiker och elnätet – Producerar allt han behöver.

(+) Har stor erfarenhet av krishantering och praktiska färdigheter.

(+) Kan anpassa sig till förändringar och lösa problem utan externa resurser.

(-) Socialt isolerad – Har vant sig vid att klara sig själv men saknar ett nätverk vid större hot.

(-) Sårbar för sjukdomar och skador – Har kunskap i sjukvård men saknar ibland tillgång till medicinsk hjälp.

(-) Möjligtvis låst i sina metoder – Har alltid gjort saker på ett visst sätt och kan vara ovillig att ta till sig ny teknik.

Drivkrafter & Motivation

"Jag har alltid klarat mig själv, och det tänker jag fortsätta med."

"Jag vill vara fri från samhällets beroende."

"Jag vet att jag kan överleva vad som helst, eftersom jag har byggt upp en fungerande livsstil."

Kerstin behöver ingen hjälp från någon annan och har ett välfungerande system för självförsörjning. Men han har fortfarande svagheter som kan göra henne sårbar i en större kris.

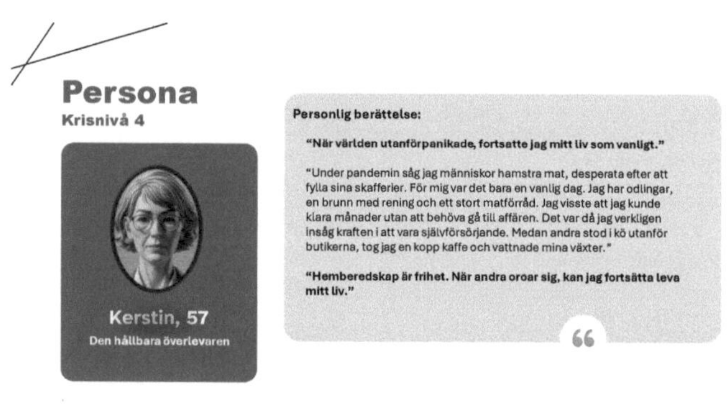

Uppvaknandet om att ingen klarar sig ensam

Kerstin har alltid sett sig själv som självförsörjande och oberoende av samhällets stöd. Hon har en välplanerad hemberedskap och en livsstil som bygger på egenodling, konservering, vattenrening och energiförsörjning. Hon har för länge sedan insett att det moderna samhället är sårbart, och hon har aktivt förberett sig för att klara sig utan butikernas leveranser, elnätets stabilitet och rinnande vatten. Hon har ett stort matförråd – både torkade och konserverade livsmedel från sin egen odling. Hon har en egen brunn och kan rena vatten själv. Hon har ett alternativt energisystem – solpaneler och en vedspis. Hon har en kunskap om hur man lever av det naturen ger, utan att förlita sig på samhällets strukturer.

Hon ser sig själv som redo för det allra mesta. Men det är innan krisen verkligen drar ut på tiden.

När ensamhet blir den största svagheten

När samhällets funktioner slås ut i veckor, och sedan månader, känner Kerstin sig till en början trygg. Hon har sin egen mat, sitt eget vatten och sin egen värmekälla. Hon ser hur folk i samhället börjar få stora problem – men hon drar sig undan. Hon tänker att detta var väntat, och att hon har gjort sin del genom att vara förberedd. Men veckorna går. Och sakta men säkert börjar en annan verklighet krypa på henne. Hennes ensamhet blir alltmer påtaglig. Hon inser att det inte spelar någon roll hur mycket mat hon har, hur mycket vatten hon kan rena eller hur bra hon har planerat sin egen överlevnad. Hon har ingen att dela det med. Och för första gången i sitt liv börjar hon ifrågasätta sin självbild.

Uppvaknandet – Ingen överlever ensam

En dag knackar en av hennes grannar, Erik, på dörren. Hans familj har klarat sig hjälpligt hittills, men nu börjar de få slut på mat. Han vet att Kerstin är den mest förberedda i området. "Jag vet att du har förberett dig bättre än oss andra," säger han. "Vi klarar oss nog några dagar till, men om du kan visa mig hur vi kan hitta mat och rena vatten, så kanske vi klarar det här tillsammans." Kerstin stirrar på honom. Hon hade förväntat sig att folk skulle börja be om mat, men Erik ber henne inte om att ge bort sina resurser – han ber henne om kunskap. Och det är då insikten slår henne med full kraft. Det här handlar inte längre om att klara sig själv. Det handlar om att bygga något större – att bidra till samhällets överlevnad.

Vägen från krisnivå 4 till krisnivå 5
Att bli en bidragsgivare till samhället

För första gången ser Kerstin sitt eget värde i en större kontext. Hon inser att hennes kunskap är viktigare än hennes egna resurser. Hon kan lära sina grannar att odla och samla mat från naturen. Hon kan visa hur man konserverar mat och gör den hållbar för längre kriser. Hon kan hjälpa andra att förstå hur man skapar fungerande vattenlösningar. Hon kan dela sina metoder för att hålla värmen och skapa energi.

Och hon inser något ännu större

Om fler hade haft hennes kunskap innan krisen, hade samhället varit mycket starkare. Så hon gör det hon aldrig trodde att hon skulle göra: Hon öppnar upp sig. Hon börjar organisera små träffar i föreningen och grannskapet, där hon visar hur man klarar sig utan butikernas hjälp, hur man skapar en hållbar tillvaro och hur man samarbetar för att överleva en långvarig kris.

Från isolerad till en nyckelperson i krisberedskapen

För Kerstin är detta en av de största förändringarna i hennes liv. Hon har alltid trott att hon kunde klara sig själv. Men nu inser hon att den största styrkan i en kris inte är att vara oberoende – utan att vara en del av en fungerande gemenskap. Hon har gått från att vara en ensam överlevare – till att bli en nyckelperson i en större krisberedskap.

Och det är först nu hon inser
att hon verkligen är förberedd

Krisnivå 5
Den helt oberoende pionjären

"Jag är en del av framtiden."

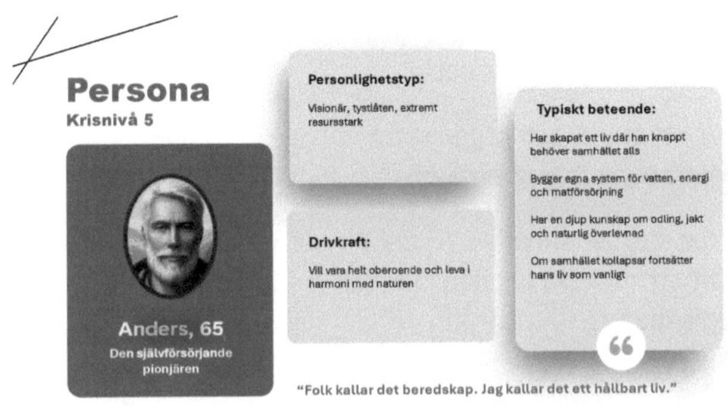

Personprofil: Anders, 65 år, lever självförsörjande i ett eget ekosystem

Bor: Ett självförsörjande kollektiv på landsbygden

Jobb: Driver småskalig produktion av mat och förnödenheter

Självförsörjning: Har åkrar, växthus, djurhållning och byteshandel

Vatten: Egen brunn, regnvattenuppsamling och vattenreningssystem

Energi: Helt frånkopplade elnätet – sol, vind och biogas

Ekonomi: Byteshandel och lokalt utbyte

Egenskaper

(+) Totalt oberoende av samhällets strukturer – Kan leva i åratal utan externa resurser.

(+) Har en långsiktig plan för generationer framåt – Tänker på framtiden, inte bara nuet.

(+) Har ett starkt och organiserat nätverk – Bygger samhället på samarbete och gemenskap.

(-) Lever ett helt annat liv än det moderna samhället – Kan ha svårt att relatera till stadsbor och moderna bekvämligheter.

(-) Risk för att bli ett mål vid extrem samhällsstörning – Eftersom de har resurser kan de bli utsatta för hot.

(-) Tidskrävande livsstil – Självförsörjning kräver konstant arbete och planering.

Drivkrafter & Motivation

"Vi har byggt ett liv som fungerar oavsett vad som händer i världen."

"Vi har ingen rädsla för kriser – vi lever redan i en lösning."

"Vi behöver inte samhället, men vi bygger ett nytt samhälle."

Anders har redan skapat ett liv som gör honom och hans fru helt självständiga. Men även de har utmaningar som de behöver hantera.

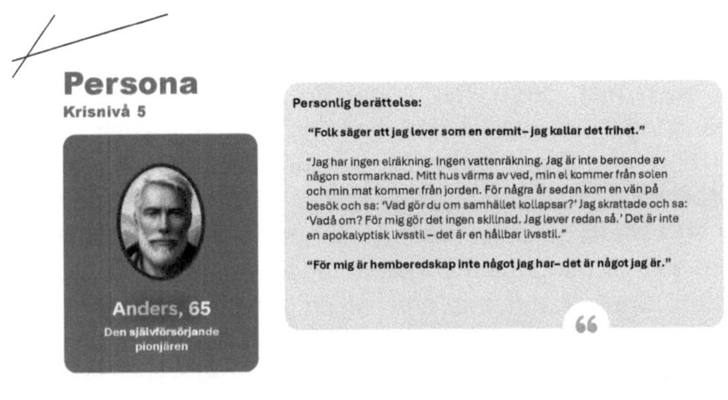

Uppvaknandet om att vara behövd

Anders har levt nästan helt självförsörjande i flera år. Hans hem är inte bara en bostad – det är ett system byggt för att fungera utan samhällets stöd. Han har egen odling, egen energiförsörjning och tillgång till rent vatten året runt. Han behöver inte butiker, inte elnätet, inte kommunens vatten – han har byggt sin egen trygghet. Och han är nöjd. Hans matförsörjning är stabil – han odlar, konserverar och jagar. Hans vatten är säkrat – han har både brunn och filtreringssystem. Hans energi är självständig – solpaneler, ved och vindkraft. Hans hygien och sanitet är löst – komposttoalett och system för tvätt och avfallshantering. Han ser den moderna världen som sårbar och beroende av system som lätt kan falla.

Han känner sig fri

Men så händer det. När samhället utanför rasar samman, en längre kris slår till. Till en början bryr sig Anders inte särskilt mycket, han fortsätter sitt liv som vanligt. Han går upp på morgonen, sköter sina odlingar, tar hand om djuren och lagar sin egen mat. Men efter några veckor börjar han märka förändringar i samhället runt omkring honom. Staden några mil bort är i kaos. Butikerna är plundrade. Folk börjar bli desperata. Och när han en dag åker in till en närliggande stad för att byta till sig några verktyg, ser han hur människor lider, barn som är hungriga. Familjer som kämpar för att få tag på vatten. Grannar som inte ens har en grundläggande plan för att klara sig. Och för första gången skaver något inom honom. Han har gjort allt för att bli oberoende av samhället. Men nu inser han att det inte är honom själv han borde ha förberett – utan alla andra.

Insikten
Det är dags att ge tillbaka

Anders har aldrig sett sig som en del av samhällets trygghet. Han har sett samhället som något bräckligt och opålitligt, något han ville distansera sig från. Men när han nu ser hur människor runt honom lider, förstår han att hans kunskap är ovärderlig. Han inser att om fler hade haft hans färdigheter, hade krisen sett annorlunda ut. Och han känner en ny insikt växa inom sig – en känsla han inte haft på länge.

Han är behövd
Han har något att bidra med

Vägen från krisnivå 5
Att bli en resurs för samhället

Anders bestämmer sig. Han kan inte längre bara se på. Han tar kontakt med ett par bostadsrättsföreningar i närliggande områden och erbjuder att hålla kurser i hemberedskap. Han vill visa människor hur de kan odla sin egen mat, hur de kan rena vatten, hur de kan hantera värme och energi utan elnätet. Han vill hjälpa andra att bli starkare – så att de inte hamnar i den desperation han sett. Och för första gången på länge känner han att han gör något större än för sin egen skull.

Från självförsörjning till samhällsresurs

Anders trodde att självförsörjning var slutmålet. Men nu inser han att den högsta nivån av beredskap inte är att klara sig själv – utan att göra samhället starkare. Han har gått från att vara en ensam överlevare till att bli en bidragsgivare.

**Och det är först nu han känner
att han verkligen har ett syfte**

Avslutning
Berättelsen om Personas och deras hemberedskapsresa

Vad kan vi lära oss av dessa personas?

Varje individ du har mött i denna bok representerar en verklighet, en inställning och en krisnivå av beredskap. Kanske har du känt igen dig själv i någon av dem. Kanske har du sett någon i din närhet speglad i deras situationer. Kanske har du insett att du befinner dig på en annan krisnivå än du tidigare trodde. Men det viktigaste är inte var du är idag – utan vart du vill ta dig.

Låt oss nu se på dessa personas med en ny förståelse. Inte som statiska figurer, utan som människor i rörelse, på en resa genom hemberedskapens olika krisnivåer.

Lisa – krisnivå 0:
Den oförberedda

"Jag har aldrig tänkt på hemberedskap. Det löser sig väl?"

Lisa lever ett liv som många andra. Hon bor i en modern lägenhet, har en hektisk vardag och har aldrig behövt tänka på hur hon skulle klara sig om samhällets infrastruktur kollapsade. Hon är trygg i illusionen av att allt alltid fungerar. När myndigheterna börjar prata om vikten av hemberedskap, skrollar hon förbi artiklarna. När en vän nämner att de har börjat lagra mat och vatten, skrattar hon och säger:

"Det där är överdrivet. Vi bor ju i Sverige."

Men så händer det. Ett oväntat strömavbrott. Kanske bara några timmar, kanske längre. Hon inser att hon inte har ficklampor, ingen powerbank, inget vattenlager. Kylskåpet blir varmt, internet försvinner. För första gången upplever hon känslan av att vara maktlös i sitt eget hem. Det är där hennes resa börjar.

Johan – krisnivå 1:
Nybörjaren

"Jag vet att jag borde ha en plan, men jag har ingen tydlig strategi."

Johan är en vanlig kille i 30-årsåldern. Han har ett stabilt jobb och en liten familj. Efter att ha upplevt ett kortare strömavbrott börjar han fundera:

"Tänk om det här hade varat längre?"

Han gör det första många gör – han googlar. Han läser om Sveriges beredskap och blir förvånad över hur sårbart samhället faktiskt är. Han köper några extra konserver, en dunk vatten och en ficklampa. Men när han tänker på vad han skulle göra om krisen varade i flera dagar, inser han att han inte har en plan. Han har börjat sin beredskapsresa, men är fortfarande osäker. Vad mer behöver han? Hur länge ska han planera för? Vad innebär det att verkligen vara förberedd? Det är där han tar sitt första steg mot krisnivå 2.

Anna – krisnivå 2:
Den förberedda realisten

"Jag klarar en vecka, men behöver en bättre långsiktig plan."

Anna är sjuksköterska. Hon har sett samhällets brister inifrån och vet att saker kan gå fel snabbt. Hon har en veckas matförråd, vatten och ett litet stormkök. Hon känner sig tryggare än tidigare, men när hon tänker på vad som händer efter dag sju, slår oron till.

"Jag har resurser, men har jag en strategi?"

När hennes stad drabbas av en vattenläcka inser hon hur beroende hon är av samhällets system. Hon har vatten för en vecka, men sen då? Hon börjar se beredskap på ett annat sätt. Det handlar inte bara om att ha ett lager – det handlar om att skapa system som gör henne självständig. Och med den insikten tar hon steget mot krisnivå 3.

Mikael – Krisnivå 3:
Den självständiga strategen

"Jag har en strategi och kan klara en längre kris."

Mikael har gått från att bara lagra resurser till att bygga en plan. Han vet hur han producerar nytt vatten, hur han lagrar energi, hur han hanterar en längre kris. Han har testat sin beredskap – han har stängt av elen i två dygn, lagat mat utan spis, levt utan rinnande vatten. Men han börjar inse något viktigt: "Jag är fortfarande beroende av vissa resurser utifrån." Det gör honom sårbar. Om matleveranserna slutar komma, om elen är borta i månader – hur överlever han då? Det är då han börjar tänka i termer av självförsörjning.

Kerstin – krisnivå 4:
Den självförsörjande överlevaren

"Jag behöver inte längre samhällets stöd."

Kerstin bor på landet. Hon har egen brunn, odlar sin egen mat och har ett fungerande energisystem. Hon känner ingen oro om samhället skulle kollapsa – hon klarar sig själv. Men hon inser en annan sanning: ensam är inte stark i en långvarig kris. "Vad händer om jag blir sjuk? Vad händer om jag behöver hjälp?" Hon har börjar bygga grannsamverkan, byta resurser med andra, skapa en gemenskap av likasinnade. Och med det tar hon det sista steget – mot krisnivå 5.

Anders – Krisnivå 5:
Den helt oberoende pionjären

"Jag är en del av framtiden."

Anders har tagit hemberedskap till nästa krisnivå. Familjen lever i ett ekosystem som gör de fria från samhällets strukturer. De har skapat ett nytt sätt att leva – där kriser inte längre är ett hot, utan bara en del av livet. De har gått från att vara individer till att bygga något större – en ny typ av självförsörjande samhälle. Det är inte längre bara hemberedskap – det är en livsstil.

Vilken resa är du på? Vi har nu följt Lisa, Johan, Anna, Mikael, Kerstin och Anders genom deras hemberedskapsresor. Var ser du dig själv i dessa berättelser? Var befinner du dig idag? Och hur långt vill du nå?

Kapitel 10
Från kunskap till handling
Ditt ansvar och dina steg

Att förstå vikten av hemberedskap är det första steget.

Du har läst om olika krisnivåer, identifierat vilken krisnivå du befinner dig på och fått insikt i hur människor på olika krisnivåer hanterar olika krissituationer.

Men vad gör du nu? Det spelar ingen roll hur mycket du vet – om du inte omsätter det i handling. Att förstå att vi är sårbara vid samhällsstörningar är en sak, men att faktiskt förbereda sig för dem är något helt annat. Det är lätt att skjuta upp saker. Att tänka att "jag tar tag i det där nästa månad" eller "det är inte så bråttom". Men verkligheten är att ingen vet när nästa stora störning inträffar. Det kan vara ett plötsligt strömavbrott, en vattenkris eller en storm som slår ut infrastrukturen i flera dagar. Det är nu du måste ta beslutet. Vill du vara den som är förberedd – eller den som står handfallen när krisen slår till? Att bryta passiviteten – att gå från insikt till handling

Många känner sig överväldigade när de börjar sin beredskapsresa. Vad ska jag börja med? Hur vet jag att jag gör rätt? Behöver jag verkligen allt det här? Det är helt naturliga frågor. Problemet är att de kan leda till handlingsförlamning. Många vill göra allt på en gång, men inser snabbt att det känns övermäktigt – och så slutar det med att de inte gör något alls. Men beredskap behöver inte vara komplicerat. Den bästa strategin är att börja smått och bygga steg för steg. Tänk på det som att träna inför ett maraton. Ingen förväntar sig att du ska springa 42 kilometer första dagen. Du börjar med korta sträckor, stärker din uthållighet och bygger sakta men säkert upp din kapacitet.

Samma sak gäller hemberedskap

Du behöver inte ha en perfekt plan direkt

Du behöver inte ha alla prylar och resurser klara imorgon

Det viktigaste är att du tar ett första steg, hur du bygger upp din hemberedskap steg för steg.

Att gå från ingen beredskap alls till att kunna klara sig i flera veckor utan hjälp kräver en metodisk strategi. Börja med att kartlägga din situation. Innan du börjar köpa saker eller göra drastiska förändringar behöver du en klar bild av var du står idag.

Sätt dig ner och fundera över hur din nuvarande situation ser ut.

Hur länge skulle du klara dig utan att handla mat?

Hur länge räcker ditt vatten om kranen slutar fungera?

Har du ett alternativ för att laga mat om elen försvinner?

Vad gör du om din bostad blir kall under vintern?

Hur hanterar du toalettbestyr om avloppssystemet slutar fungera?

Toalett och sanitet är ofta något vi tar för givet. När vi spolar, försvinner avfallet. Men vad händer om avloppssystemet inte längre fungerar? Utan en plan kan ditt hem snabbt bli en ohygienisk och hälsovådlig plats. Många inser snabbt att de är mer sårbara än de trott. Kanske har de några konserver i skafferiet, men ingen plan för hur de ska laga maten om spisen inte fungerar. Kanske har de en dunk vatten – men inser att det bara räcker några dagar. Kanske har de en ficklampa, men inga extra batterier. Och nästan alltid saknas en genomtänkt plan för toalett och hygien. Denna insikt är första steget mot förändring.

Sätt upp en enkel plan

När du vet var dina svagheter finns, kan du börja åtgärda dem. Men i stället för att försöka fixa allt på en gång, fokusera på det mest kritiska först. Vatten är alltid det viktigaste. Se till att ha minst 20 liter vatten per person hemma. Om du redan har det, sikta på 50 liter. Mat är nästa steg. Bygg upp ett lager av icke-färskvaror som du faktiskt gillar att äta. Börja med att ha mat för en vecka. Värme och ljus – om elen försvinner i vinter, hur håller du dig varm? Har du ljuskällor? Se till att ha värmeljus, filtar och en alternativ värmekälla. Kommunikation – hur får du information om nätet ligger nere? En batteridriven radio kan vara ovärderlig. Sanitet och toalettlösning – skaffa en nödtoalett som kan användas vid längre avbrott. En hink med lock, kraftiga sopsäckar och kattsand kan vara en temporär lösning. Målet är att skapa en grundberedskap för minst sju dagar. När du nått det kan du börja bygga vidare.

Testa din beredskap

Den största missen många gör är att förbereda sig teoretiskt men aldrig testa sin beredskap i praktiken. Att ha ett stormkök är bra – men har du någonsin använt det? Vet du hur mycket bränsle det drar? Hur snabbt maten blir klar? Att ha mat för två veckor är bra – men har du provat att leva en vecka utan att handla något alls? Att ha en nödtoalett är bra – men har du faktiskt testat att använda den? Det är genom att testa din beredskap som du upptäcker dina svagheter. Gör det till en utmaning. Stäng av elen i en kväll och se hur du klarar dig. Försök leva en hel helg utan att använda vatten från kranen. Testa att hantera din sanitet utan fungerande toalett. Genom att utsätta dig för små, kontrollerade krisscenarion, kommer du snabbt inse vad du behöver förbättra.

Involvera din familj och ditt lokalsamhälle

Beredskap handlar inte bara om dig. Om du har en familj måste alla vara delaktiga. En kris blir betydligt lättare att hantera om alla vet vad de ska göra och har en gemensam plan. Prata om hemberedskap på ett naturligt sätt. Men det är inte bara familjen som spelar roll. Samhället är starkare när vi samarbetar. Har du pratat med dina grannar om hur ni kan hjälpa varandra i en nödsituation? Har du tagit upp krisberedskap med din bostadsrättsförening eller hyresvärd? Kan ni tillsammans skapa en plan för att hantera längre elavbrott, vattenbrist eller sanitära problem? Att ha ett nätverk kan göra hela skillnaden mellan att klara en kris och att hamna i en farlig situation.

Sammanfattning – Din resa börjar nu

Att förstå vikten av hemberedskap är en sak. Att göra något åt det är en annan. Din beredskap avgör din framtid. Beredskap är en resa – och den börjar nu.

Så vad blir ditt första steg idag?

Kapitel 11
Din personliga beredskapsplan
skapa din trygghet

Hemberedskap handlar inte bara om att ha ett lager av konserver och en dunk vatten i garderoben. Det handlar om att ha en genomtänkt plan – en strategi för hur du och din familj eller ditt lokalsamhälle hanterar en kris. När en nödsituation uppstår är inte tiden att börja fundera över vad du borde ha gjort. Då ska du redan ha en plan och veta exakt vad du ska göra, vilka resurser du har och hur du kan anpassa dig till situationen.

En beredskapsplan ger dig

Trygghet och kontroll – Du vet att du har en lösning för de vanligaste problemen vid en kris.

Mindre stress och panik – När du har en färdig strategi kan du fokusera på att agera i stället för att oroa dig.

En tydlig rollfördelning – Alla i familjen eller föreningen vet vad de ska göra.

Möjlighet att hjälpa andra – När du är förberedd kan du även stötta dem som inte är det.

Beredskap är inte bara att "överleva" en kris – det är att kunna hantera den på ett strukturerat och lugnt sätt. Att skapa en beredskapsplan – en resa genom olika livssituationer. I det här kapitlet kommer vi att följa olika personer och familjer som tar sina första steg mot att skapa en krisberedskapsplan. Du kommer att få se hur familjen Eriksson sätter sig ner vid köksbordet och går igenom sin beredskap, hur Johan och Sofia inser att de saknar en plan för vatten och matlagning, och hur de börjar samarbeta med sina grannar för att bygga en tryggare bostadsrättsförening. Vi kommer också att följa Anders och hans grannar, som tar steget att bygga en större gemensam beredskap i sin förening, och hur de ser på beredskap som något man gör tillsammans istället för en isolerad individ. Genom att se hur andra hanterar sin beredskapsplan får du inspiration och praktiska verktyg för att skapa din egen.

Målet med din beredskapsplan

Målet med att ha en beredskapsplan är att du:

Vet vad du har och vad du saknar – så att du kan åtgärda brister innan en kris uppstår.

Har en tydlig strategi för hur du hanterar elavbrott, vattenbrist, matförsörjning, hygien och kommunikation.

Kan agera snabbt och effektivt i stället för att stressa när något händer.

Har en plan för hur du kan samarbeta med grannar och andra i din omgivning.

Kapitel 12
Checklistor och Åtgärdsplaner
strukturen för din beredskap

När vi talar om hemberedskap och krisplanering är det lätt att fastna i vad man ska skaffa och lagra, men det är minst lika viktigt att ha en genomtänkt struktur för hur du använder dina resurser och hanterar olika situationer. Att förbereda sig handlar inte bara om att ha saker på plats, utan också om att veta hur och när du ska använda dem. Därför är det avgörande att ha checklistor och åtgärdsplaner – två verktyg som hjälper dig att skapa en tydlig strategi och ett effektivt agerande när en kris inträffar.

Varför behövs både checklistor och åtgärdsplaner?

Det kan vara lätt att tro att en enda lista räcker för att hålla ordning på sin beredskap, men checklistor och åtgärdsplaner fyller olika funktioner. En checklista hjälper dig att hålla koll på vad du behöver ha och vad du ska förbereda. En åtgärdsplan guidar dig genom vad du ska göra när en kris inträffar. Dessa två typer av listor kompletterar varandra och gör att du har både en förebyggande plan och en tydlig handlingsplan att följa när situationen kräver det. Låt oss gå igenom skillnaden mer ingående.

Checklistor
Ditt förebyggande verktyg

En checklista är en översikt över de saker du behöver ha för att vara redo för en krissituation. Den är ett verktyg för att bygga upp din hemberedskap stegvis, så att du systematiskt kan gå igenom och säkerställa att du har alla nödvändiga resurser för att klara en viss situation. Tänk på en checklista som din karta för vad du ska ha hemma. Om du saknar något, kan du planera för att skaffa det. Om du redan har det, kan du regelbundet gå igenom och se till att allt är uppdaterat och i fungerande skick. Hur använder du en checklista? Ett bra sätt att arbeta med checklistor är att dela upp dem efter behovsområden, till exempel:

Vattenförsörjning – Hur mycket vatten har vi? Behöver vi fler dunkar? Har vi något sätt att rena vatten?

Mat och matlagning – Har vi tillräckligt med mat för en vecka? Har vi alternativ för att laga mat utan el?

Hygien och sanitet – Har vi tillgång till tvål, handsprit, toalettpapper och en fungerande nödtoalett?

Energi och värme – Vad gör vi om strömmen försvinner? Har vi ljuskällor och en alternativ värmekälla?

Kommunikation och säkerhet – Hur får vi information om internet och mobilnätet är nere?

Första hjälpen och sjukvård – Har vi mediciner och ett första hjälpen-kit? Behöver vi mer kunskap i sjukvård?

Varje område bör ha en egen checklista som du går igenom regelbundet. Det viktiga är att checklistor inte bara skrivs ner – de ska användas, uppdateras och kontrolleras.

Åtgärdsplaner
Ditt verktyg när krisen är här

Medan checklistor hjälper dig att vara redo, är en åtgärdsplan din steg-för-steg-guide för hur du ska agera vid olika typer av kriser. En kris kan innebära kaos och stress, och när det väl händer kan det vara svårt att tänka klart. Då är det värdefullt att ha en färdig plan att följa. Med en åtgärdsplan vet du vad du ska göra, i vilken ordning och hur du ska prioritera. Hur använder du en åtgärdsplan? En åtgärdsplan bör vara tydlig och lätt att följa, även i en pressad situation.

Den kan exempelvis innehålla:

Vad du gör om elen försvinner

Hur du hanterar en vattenkris

Hur du snabbt organiserar familjen vid en nödsituation

Vad du packar och tar med dig om du måste evakuera. Låt oss ta ett konkret exempel:

Scenario: Strömavbrott på obestämd tid

Kontrollera situationen, är det bara hos dig, eller i hela området? Kontrollera proppskåpet och kontakta elbolaget.

Säkerställ ljus och värme, ta fram ficklampor, ljus och pannlampor. Tänd en braskamin eller använd en gasolvärmare om det behövs.

Minska energiförbrukningen, stäng av alla elektriska apparater för att skydda dem mot strömspikar när elen kommer tillbaka. Håll kyl och frys stängda så länge som möjligt.

Säkerställ vattenförsörjning, om du har en vattenkälla som kräver el, hämta vatten medan det fortfarande finns tryck i rören. Använd lagrat vatten först, och planera för att rena vatten om det behövs.

Kommunikation, använd en batteridriven eller solcellsdriven radio för att få information. Spara batterier på telefonen genom att bara använda den vid behov.

Förbered dig på en längre kris, Om strömmen fortfarande är borta efter 24 timmar, börja planera för att använda alternativa värmekällor och förlänga matförrådet. Genom att ha en färdig åtgärdsplan behöver du inte tänka ut allt på plats – du kan bara följa stegen och agera direkt.

Att skapa en strukturerad beredskap

När du arbetar med din hemberedskap är kombinationen av checklistor och åtgärdsplaner din styrka. Checklistor hjälper dig att förbereda dig i förväg och se till att du har allt du behöver. Åtgärdsplaner hjälper dig att agera snabbt och effektivt när krisen faktiskt inträffar.

Genom att använda dessa verktyg tillsammans skapar du en strukturerad och genomtänkt beredskap som fungerar både i vardagen och vid en verklig kris. Det viktiga är att du inte bara skapar dessa listor en gång och glömmer bort dem. Gå igenom dina checklistor regelbundet – uppdatera dem och säkerställ att allt fungerar som det ska. Testa dina åtgärdsplaner – simulera strömavbrott, vattenbrist eller evakuering för att se om planen håller. Beredskap handlar om att vara redo – inte att reagera i panik när det redan är för sent.

Att skapa en struktur för din beredskap är en av de viktigaste investeringarna du kan göra. Genom att arbeta metodiskt med checklistor och åtgärdsplaner bygger du en trygghet som gör att du kan hantera kriser utan panik. Börja idag. Skapa din första checklista. Skriv ner din första åtgärdsplan. Och framför allt – testa dem i praktiken.

Kapitel 13:
Att Skapa en hållbar beredskap
från individ till samhälle

Att bygga en hemberedskap är ett personligt ansvar. Vi har gått igenom hur du skapar en plan för dig själv och din familj, men den större frågan är: Hur ser det ut utanför din dörr? Vad händer med dina grannar, din bostadsrättsförening, ditt område om en större kris inträffar? Vad händer om du är den enda som har en plan medan alla andra står utan vatten, mat, värme och en fungerande toalett? I en kortvarig kris kanske din individuella beredskap räcker för att klara dig själv. Men vad händer om det pågår i veckor? Hur ser ditt närområde ut efter sju dagar utan el, utan vatten, utan livsmedelsleveranser och utan fungerande avlopp? Det är här den kollektiva beredskapen kommer in. Beredskap är inte bara en individuell försäkring – det är en samhällsfråga. I en kris är det inte myndigheterna som först kommer till din räddning – det är människorna omkring dig.

Den här insikten förändrar hela perspektivet. Beredskap slutar vara en isolerad fråga om vad du har i ditt förråd, och blir i stället en fråga om hur vi tillsammans kan bygga ett robust samhälle.

Från individ till samhälle
att skapa en gemensam beredskap

Om vi verkligen vill vara förberedda på det oväntade, måste vi också bygga upp en hållbar beredskap som sträcker sig utanför våra egna hem och in i vårt samhälle. Detta kan kännas som en stor och svår uppgift – men det börjar alltid med ett samtal, en insikt och ett initiativ. Låt oss tänka oss att du sitter på ett bostadsrättsföreningsmöte eller pratar med dina grannar en kväll. Hur många tror du faktiskt har en plan? Hur många vet ens vad de ska göra vid ett längre strömavbrott? Hur många har funderat på vad som händer om avloppet slutar fungera och toaletten blir obrukbar? Troligen väldigt få. Men tänk om ni tillsammans börjar samtala om beredskap? Tänk om ni kartlägger vad ni kan göra som bostadsrättsförening eller samfällighet? Tänk dig en förening där ingen behöver drabbas av panik vid en kris, där det redan finns en plan och resurser redo att användas. Det är fullt möjligt – och det kan börja med dig.

Hur du tar med dig din beredskap till din bostadsrättsförening

Så hur börjar man? Hur tar man sin egen kunskap och bygger vidare på den i en större kontext? Det börjar med insikt och kommunikation. Låt oss följa Anna, som har börjat fundera på hur han kan ta med sig sin hemberedskap in i föreningen där hon bor.

Ett första steg – att prata med sina grannar. Anna har alltid haft ett visst intresse för beredskap. Hon har förråd av mat och vatten hemma, men hon har börjat fundera på vad som händer om en kris blir längre än hon förväntat sig. En kväll efter ett föreningsmöte stannar hon kvar och börjar prata med några av sina grannar. "Har ni tänkt på vad vi skulle göra om vi fick ett längre strömavbrott här i huset?" frågar hon. Hennes granne Maria ser förvånad ut. "Jag antar att vi får sitta med ficklampor och hoppas att det löser sig." "Och om vattnet försvinner?" frågar Anna. Tystnad. Ingen har funderat på det. "Och vad gör vi om vi inte kan spola i toaletten på flera dagar?" fortsätter hon. Fler börjar se bekymrade ut. "Ärligt talat, jag har aldrig tänkt på det," säger Maria. "Men det är en bra fråga. Vad gör vi då?" Anna inser att det här är ett perfekt tillfälle att börja diskutera beredskap på ett enkelt och odramatiskt sätt.

Nästa steg – att föreslå konkreta åtgärder

Efter samtalet bestämmer sig Anna för att ta upp frågan vid nästa föreningsmöte. Hon förbereder några punkter: Hur kan vi tillsammans skapa en enkel beredskapsplan för huset? Finns det resurser vi kan skaffa gemensamt? Hur hanterar vi toalettbestyr om avloppen slutar fungera? Kan vi kartlägga vilka i huset som kan behöva extra hjälp vid en kris? Vid mötet lyfter hon frågan och får ett överraskande positivt bemötande. Fler än hon trott har faktiskt funderat på att skaffa lite extra vatten eller en batteridriven radio, men ingen har tagit initiativ till att organisera det på föreningsnivå. Styrelsen blir intresserad av att undersöka om föreningen kan skapa ett mindre förråd med gemensamma resurser, som vatten, stormkök, hygienprodukter och en plan för sanitet.

Att bygga en struktur för gemensam beredskap

Efter mötet börjar en grupp grannar tillsammans arbeta fram en enkel krisplan.

De skapar en lista med: Vilka i föreningen som kan bidra med olika resurser (någon har en gasolkamin, en annan har extra vattenfilter, någon har en nödtoalett). En plan för hur information sprids om internet och mobiler slutar fungera. Ett system där man hjälps åt att kolla till äldre och utsatta personer i huset. En strategi för hur toalettbestyr och avfall hanteras vid längre avbrott – till exempel hinktoaletter och gemensamma sanitära lösningar i fastigheten. Plötsligt börjar beredskap gå från att vara en individuell fråga till en gemensam lösning.

Vad kan du göra idag?

Om du vill ta steget från individuell beredskap till att bidra till en större trygghet, kan du börja med enkla åtgärder: Prata med dina grannar om hemberedskap och hygien i en kris – du kommer bli förvånad över hur många som är intresserade. Föreslå en punkt om krisberedskap på nästa bostadsrättsföreningsmöte. Skapa en kontaktlista med närmsta grannarna, så att ni kan hjälpa varandra vid en kris. Tänk på hur din förening kan investera i resurser som gynnar alla – ett gemensamt vattenförråd, nödbelysning, eller en plan för sanitet. Det krävs inte mycket för att gå från att vara en ensam beredskapsplanerare till att bli en del av en tryggare gemenskap.

Beredskap börjar med dig – men det slutar inte där

Genom att dela med dig av din kunskap kan du hjälpa fler att förstå vikten av att vara förberedd, och tillsammans kan ni skapa en gemenskap där ingen behöver stå ensam i en kris.

Så vad blir ditt första steg idag?

Kapitel 14
Avslutning, en beredskap för livet

När du nu har läst igenom hela denna bok har du förhoppningsvis en ny förståelse för vad hemberedskap egentligen innebär. Det handlar om mycket mer än att bara köpa ett förråd av konserver och en vevradio. Det handlar om kunskap, förståelse och en förmåga att anpassa sig när samhällets grundläggande funktioner sviktar.

Hemberedskap är ingen engångsåtgärd – det är en process, en livsstil och ett ansvar. Den som förstår detta kan bygga en trygghet som sträcker sig långt bortom den egna tröskeln. Hemberedskap handlar inte om rädsla eller överdrifter, utan om att ta kontroll över sin egen situation, sin familj och sitt lokalsamhälle.

I den här boken har vi gått igenom vad det innebär att vara förberedd, hur du bygger upp din hemberedskap steg för steg och hur du kan bidra till att skapa en mer robust samhällsberedskap.

Vi har utforskat olika krisnivåer av hemberedskap, från att vara helt oförberedd till att vara självförsörjande. Vi har lärt känna personas som speglar verkliga människor i olika stadier av sin beredskapsresa, och vi har sett hur man kan utvecklas genom att skaffa kunskap, förändra beteenden och planera för framtiden.

Det viktigaste du kan ta med dig från denna bok är att beredskap är något du aktivt måste arbeta med.

Beredskap är en resa – inte ett slutmål

Det är lätt att tänka att hemberedskap är något du kan bocka av på en lista och sedan glömma. Men sanningen är att hemberedskap förändras i takt med att livet förändras. När du först börjar din resa kanske du bara skaffar några extra matvaror och en vattenreserv. Efter ett tag börjar du förstå att du behöver en plan för hur du faktiskt ska använda dina resurser. Sedan inser du att din hemberedskap blir ännu starkare om du samarbetar med andra. Den här resan är dynamisk, och den tar aldrig riktigt slut. Det du har idag kanske är tillräckligt för en kort kris – men vad händer om krisen varar längre än du trott? Kanske förändras din familjesituation. Kanske flyttar du till en ny bostad. Kanske ser du ett nytt hot som du tidigare inte tänkt på. Hemberedskap handlar därför inte bara om att ha rätt saker, utan om att ha rätt inställning och förmågan att anpassa sig till nya omständigheter.

Från individuell trygghet till gemensam styrka

Vi har sett att den starkaste hemberedskapen byggs när vi gör det tillsammans. Om du är den enda i din bostadsrättsförening eller ditt område som har vatten, mat och ljus vid ett längre strömavbrott, vad händer då? Ska du stänga in dig och hoppas att ingen knackar på din dörr? Ska du ignorera att människor omkring dig hamnar i panik, saknar mat till sina barn och fryser i mörkret? Eller kan du vara den som tar initiativ och skapar en gemensam hemberedskap? En av de viktigaste insikterna vi kan ta med oss från denna bok är att vi är starkare tillsammans. När vi delar kunskap, resurser och ansvar skapar vi en trygghet som inte bara skyddar oss själva, utan även våra närmaste och vårt samhälle. Tänk dig en bostadsrättsförening där alla har en grundläggande förståelse för krisberedskap. Tänk dig en grannsamverkan där det finns en plan för hur man hanterar vattenbrist, elavbrott och sanitet. Tänk dig en skola där barnen lär sig hur man klarar sig i en kris i stället för att lita blint på att allt alltid fungerar. Detta är framtidens beredskap, och den börjar med att vi slutar tänka enbart individuellt och i stället ser den större bilden.

Insikterna vi har fått med oss

När vi nu sammanfattar vad denna bok har gett oss, kan vi se flera viktiga insikter som vi bör bära med oss framöver.

För det första:
Beredskap är ett personligt ansvar

Ingen kommer att lösa detta åt dig. Myndigheter kan ge rekommendationer och samhället kan försöka stärka sina system, men det är du som måste ha en plan för dig själv och din familj.

För det andra:
Beredskap är mer än att bara lagra saker

Det handlar om att förstå hur man använder sina resurser, hur man anpassar sig till en kris och hur man bygger en strategi för att hantera osäkra situationer.

För det tredje:
Beredskap måste testas i praktiken

Om du aldrig har provat att laga mat utan el, hur vet du då att du klarar det? Om du aldrig har försökt leva en dag utan rinnande vatten, hur vet du då hur du skulle hantera det i en riktig kris?

För det fjärde:
Hygien och sanitet är avgörande

Det räcker inte att bara ha mat och vatten – utan en plan för toalettbestyr och hygien kan en kris snabbt bli en hälsokatastrof.

För det femte:
Vi måste tänka större än oss själva

Genom att engagera oss i vår bostadsrättsförening, vårt grannskap eller vår kommun, kan vi skapa en långsiktig hållbarhet i krisberedskapen som gör hela samhället starkare.

Framtiden börjar nu – vad gör du härnäst?

Hemberedskap är inte en trend, en hobby eller en kortvarig satsning. Det är en del av hur vi bygger ett stabilt, tryggt och motståndskraftigt samhälle. Nu har du kunskapen. Nu har du insikterna. Frågan är: Vad gör du härnäst? Kommer du att låta denna bok samla damm på en hylla, eller kommer du att ta de första stegen mot att bygga en starkare beredskap? Börja med det lilla: Skriv en lista över vad du redan har och vad du behöver. Prata med din familj om hur ni skulle hantera en kris.

Testa en dag utan el, bara för att se vad som händer. Och när du känner att du har byggt upp din egen grundberedskap, ta steget utanför ditt hem: Ta upp frågan i din bostadsrättsförening. Skapa en kontaktlista med dina grannar. Se om ni tillsammans kan investera i resurser som kan hjälpa hela området vid en kris.

Det är så vi skapar en riktig och hållbar beredskap.

En sista tanke

Det finns ingen perfekt lösning, ingen magisk checklista som täcker alla möjliga krissituationer. Men genom att förstå hur du kan tänka, planera och agera, har du redan gjort mer än majoriteten av befolkningen. Och genom att inte bara tänka på dig själv, utan också på dem omkring dig, har du tagit det viktigaste steget av alla.

Hemberedskap börjar med dig – men slutar inte där

Vad blir ditt nästa steg?